A INTERPRETAÇÃO DOS SONHOS

PARA LER FREUD
Organização de Nina Saroldi

A INTERPRETAÇÃO DOS SONHOS
A caixa preta dos desejos

Por John Forrester
Tradução de Vera Ribeiro

7ª edição

CIVILIZAÇÃO BRASILEIRA

Rio de Janeiro
2023

Copyright © John Peter Forrester, 2006

Capa e projeto gráfico de miolo
Gabinete de Artes/Axel Sande

Diagramação
Abreu's System

CIP-BRASIL. CATALOGAÇÃO-NA-PUBLICAÇÃO
SINDICATO NACIONAL DOS EDITORES DE LIVROS, RJ

F833i   Forrester, John
7ª ed.   A interpretação dos sonhos / John Forrester; [tradução Vera
       Ribeiro] – 7ª ed. – Rio de Janeiro: Civilização Brasileira, 2023
       (Para Ler Freud)

       Tradução de: Interpreting dreams
       Inclui bibliografia
       ISBN 978-85-200-0856-0

       1. Freud, Sigmund, 1856-1939. 2. Sonhos. 3. Psicanálise.
       I. Título. II. Série

09-0759   CDD: 150.1952
                                     CDU: 159.964.2

Todos os direitos reservados. Proibida a reprodução, armazenamento ou transmissão de partes deste livro, através de quaisquer meios, sem prévia autorização por escrito.

Texto revisado segundo o Acordo Ortográfico da Língua Portuguesa de 1990.

Direitos desta edição adquiridos pela
EDITORA CIVILIZAÇÃO BRASILEIRA
Um selo da
EDITORA JOSÉ OLYMPIO LTDA.
Rua Argentina, 171, 3º andar – 20921-380 – Rio de Janeiro, RJ – Tel.: (21) 2585-2000.

Seja um leitor preferencial Record.
Cadastre-se em www.record.com.br e receba informações sobre nossos lançamentos e nossas promoções.

Atendimento e venda direta ao leitor:
sac@record.com.br

Impresso no Brasil
2023

SUMÁRIO

Apresentação da coleção   7

Prefácio   11

Sobre Freud, *A interpretação dos sonhos*   17

A resposta "tradicional"   27

O "desejo" como psicologia teórica   29

O desejo como visão de mundo   37

A resposta dialética   49

Interpretar sonhos e contar mentiras   65

O livro como colagem   84

Cronologia de Sigmund Freud   87

APRESENTAÇÃO DA COLEÇÃO

Em 1939, morria em Londres Sigmund Freud. Hoje, passadas tantas décadas, cabe perguntar por que ler Freud e, mais ainda, qual a importância de lançar uma coleção cujo objetivo é despertar a curiosidade a respeito de sua obra.

Será que vale a pena ler Freud porque ele criou um campo novo do saber, um ramo da psicologia situado entre a filosofia e a medicina, batizado de psicanálise?

Será que o lemos porque ele criou, ou reinventou, conceitos como os de inconsciente e recalque, que ultrapassaram as fronteiras do campo psicanalítico e invadiram nosso imaginário, ao que tudo indica, definitivamente?

Será que devemos ler o mestre de Viena porque, apesar de todos os recursos farmacológicos e de toda a ampla oferta de terapias no mercado atual, ainda há muitos que acreditam na existência da alma (ou de algo semelhante) e procuram o divã para tratar de suas dores?

Será que vale ler Freud porque, como dizem os que compartilham sua língua-mãe, ele é um dos grandes estilistas da língua alemã, razão pela qual recebeu, inclusive, o prêmio Goethe?

Será que seus casos clínicos ainda são lidos por curiosidade "histórico-mundana", para conhecer as "bizarrices" da burguesia austríaca do final do século XIX e do início do século XX?

Será que, em tempos narcisistas, competitivos e exibicionistas como os nossos, é reconfortante ler um investigador que não tem medo de confessar seus fracassos e que elabora suas teorias de modo sempre aberto à crítica?

Será que Freud é lido porque é raro encontrar quem escreva como se conversasse com o leitor, fazendo dele, na verdade, um interlocutor?

É verdade que, tanto tempo depois da morte de Freud, muita coisa mudou. Novas configurações familiares e culturais e o progresso da tecnociência, por exemplo, questionam suas teorias e põem em xeque, sob alguns aspectos, sua relevância.

Todavia, chama a atenção o fato de, a despeito de todos os anestésicos — químicos ou não — que nos protegem do contato com nossas mazelas físicas e psíquicas, ainda haver gente que se disponha a deitar-se em um divã e simplesmente falar, falar, repetir e elaborar, extraindo "a seco" um sentido de seu desejo para além das fórmulas prontas e dos consolos que o mundo consumista oferece — a partir de 1,99.

Cada um dos volumes desta coleção se dedica a apresentar um dos textos de Freud, selecionado segundo o critério de importância no âmbito da obra e, ao mesmo tempo, de seu interesse para a discussão de temas contemporâneos na psicanálise e fora dela. Exceção à regra são os três volumes temáticos — histeria, neurose obsessiva e complexo de Édipo —, que abordam, cada um, um espectro de textos que seriam empobrecidos se comentados em separado. No volume sobre a histeria, por exemplo, vários casos clínicos e artigos são abordados, procurando refazer o percurso do tema na obra de Freud.

A cada autor foi solicitado que apresentasse de maneira didática o texto que lhe coube, contextualizando-o na obra, e que, em um segundo momento, enveredasse pelas questões que ele suscita em nossos dias. Não necessariamente psicanalistas, todos têm grande envolvimento com a obra de Freud, para além das orientações institucionais ou políticas que dominam os meios psicanalíticos. Alguns já são bem conhecidos do leitor que se interessa por psicanálise; outros são professores de filosofia ou de áreas afins, que fazem uso da obra de Freud em seus respectivos campos do saber. Pediu-se, na contramão dos tempos narcisistas, que valorizassem Freud por si mesmo e encorajassem a leitura de sua obra, por meio da arte de escrever para os não iniciados.

A editora Civilização Brasileira e eu pensamos em tudo isso ao planejarmos a coleção, mas a resposta à pergunta "por que ler Freud?" é, na verdade, bem mais simples: porque é muito bom ler Freud.

NINA SAROLDI
Organizadora da coleção

PREFÁCIO

Já se tornou um clichê dizer que a psicanálise começou de fato com a publicação da obra-prima de Sigmund Freud *A interpretação dos sonhos*, em 1900, fechando o século XIX e abrindo o século XX. Mas como todo clichê tem um fundo de verdade, por que não repeti-lo? O livro dos sonhos, como ficaria conhecido, abalou as convicções acerca do psiquismo que se tinha até então e abriu caminho para uma visão do homem como ente marcado pelo desejo e pela censura inconsciente, responsável pelos processos de distorção que tornam um sonho, muitas vezes, algo difícil de decifrar.

Embora o próprio Freud não tenha ficado satisfeito com o estilo e a forma do livro, acabou reconhecendo, no prefácio à terceira edição inglesa, em 1931, que nessa obra havia sido registrada a mais valiosa de todas as descobertas que fez em sua vida. *A interpretação dos sonhos* foi sistematicamente atualizada pelo autor. A bibliografia, que na primeira edição continha cerca de 80 livros, muitos dos quais citados por Freud no texto, chegou a atingir mais de 260 títulos em edições posteriores.

Antes de Freud, estudiosos do assunto lidaram com o conteúdo manifesto do que é possível *recordar* de um sonho. Em *A interpretação dos sonhos*, porém, Freud introduz, no trabalho de investigação, um novo material psíquico, o conteúdo *latente* do sonho, ou seja, os "pensamentos oníricos" aos quais se chega por meio do método de interpretação. É, portanto, do conteúdo latente e não do manifesto que se extrai o significado do sonho.

A parte mais relevante para a teoria dos sonhos é formada pelos capítulos VI e VII. No capítulo VI, Freud esclarece dois fatores aos quais se pode atribuir a forma assumida pelos sonhos, a *condensação* e o *deslocamento*. O primeiro tem a ver com um certo laconismo do sonho em relação aos pensamentos oníricos que subjazem a ele. O conteúdo manifesto é, assim, uma espécie de tradução resumida do conteúdo latente; um *trailer* de um filme de longa-metragem. Analisando vários sonhos seus — como aquele que ficou conhecido por "a injeção de Irma" no capítulo II — e de seus pacientes, Freud mostra como é possível partir de elementos do sonho e, percorrendo trilhas associativas, chegar aos pensamentos oníricos. O caminho inverso, do pensamento a determinado elemento, também pode ser trilhado.

O segundo fator, o deslocamento, põe em cena a censura inconsciente, na medida em que retira de elementos de alto valor psíquico a sua intensidade. Em um sonho, pode-se substituir determinado elemento latente por outro mais remoto, que funcione, em relação ao primeiro, como simples alusão. Da mesma forma, é possível mudar a ênfase de um elemento para outro sem importância. Por outro lado, por meio da "superdeterminação", criam-se valores novos a partir de elementos de baixo valor psíquico.

A lição mais importante do livro é, sem dúvida, a afirmação de que a força motivadora dos sonhos é a realização de desejos. Isso se dá, em grande parte, devido ao fato de que à noite o relaxamento muscular provocado pelo sono reduz a censura interna, a resistência aos desejos; nessas horas de recolhimento sobre si mesmo a resistência perde um pouco de seu poder. Outra contribuição fundamental, explicitada no capítulo VII, é a identificação dos dois modos de funcionamento psíquico, a saber, os processos primário e secundário.

Se o sonho é realização de desejo, é necessário diferenciar entre os sonhos claros quanto à sua realização — geralmente os sonhos das crianças têm essa característica, sonhar com a sobremesa que lhes foi proibida, por exemplo — e os sonhos que "mascaram" a realização como, por exemplo, os pesadelos e os sonhos de angústia. Freud enumera algumas origens do desejo: o desejo despertado durante o dia, e que não pode ser satisfeito; o desejo despertado durante o dia que foi repudiado pelo aparelho psíquico, tornando-se então desejo reprimido; os estímulos a que o corpo está sujeito durante a noite, como a sede ou a vontade de fazer sexo; e, por fim, o desejo do inconsciente propriamente dito, que só aparece no estado de sono e cuja origem se encontra na mais remota infância. No fenômeno do sonho não podemos nos esquecer do papel fundamental desempenhado pelo desejo de dormir, desejo do sistema pré-consciente que dá suporte ao desejo do inconsciente.

Uma boa ilustração do *modus operandi* do desejo de dormir é o "sonho de uma ama-seca francesa" — na verdade uma narrativa ilustrada de um jornal humorístico da época, reproduzida no capítulo VI —, que discípulos de Freud e ele próprio reconheceram como uma ótima representação da luta entre estímulos para acordar, vindos do mundo externo, e o desejo de continuar dormindo. A situação mostra uma babá chamada pelo menino que está sob sua guarda para ajudá-lo a urinar durante a noite. Como não desejava interromper o sono, a moça "incorpora" o pedido da criança — na forma de gritos que se tornam cada vez mais altos — ao sonho. Os quadros ilustrados mostram babá e criança passeando e o menino urinando em um poste. A pequena poça de urina vai aumentando a ponto de se tornar um canal por onde navega, primeiro, uma gôndola, que depois se transforma em um oceano por onde navega um transatlântico. É só no último quadro que vemos a babá acordar e atender à criança. Com essa pequena narrativa vemos como até dormindo somos ambivalentes, ouvimos e sentimos os estímulos do mundo, damos atenção a eles, mas não abrimos mão do desejo de dormir e de sonhar. O sono é recolhimento narcísico e o sonho vela por ele.

John Forrester situa a importância de *A interpretação dos sonhos* no contexto científico da época e faz algumas observações sobre o estilo peculiar adotado pelo pai da psicanálise nesse momento. Chama a atenção para o fato de Freud, assim como Charles Darwin quando publicou *A origem das espécies*, não ser "funcionário" de nenhuma universidade nem instituição relevante. A iniciativa de falar de importantes descobertas científicas em livros destinados ao grande público — o indicado seria publicar em revistas especializadas e submeter as novas ideias ao escrutínio de grupos de pesquisa — sem usar uma linguagem cifrada nem se dirigir exclusivamente aos pares, coloca os dois autores em um lugar único na galeria de grandes cientistas do período em que viveram.

Sobre Freud, Forrester ressalta ainda sua extrema ousadia ao se expor a si mesmo por meio da análise de seus sonhos. Ao abordar um tema de tamanha popularidade sem falar de neurônios nem de processos subcorticais, Freud teria reforçado o caráter *exotérico* da psicanálise. Essa continuidade entre a linguagem própria ao saber psicanalítico e a linguagem da vida cotidiana foi responsável pela enorme popularidade alcançada pela psicanálise ao longo do século XX e, ao mesmo tempo, pelas fortes resistências do campo científico em geral em relação à seriedade de sua produção teórica e eficácia clínica. Como afirma John Forrester, na ciência freudiana todos os interessados — pacientes, cientistas e analistas — falam a mesma língua. Por isso, conclui o autor, a psicanálise se afirmava como uma extensão da psicologia popular, e não como sua substituta.

Além da questão da linguagem, a psicanálise, nos moldes em que foi inaugurada por Freud, promoveu um outro tipo de inovação, destacada por Forrester: Freud rompeu com a primazia da "vontade" como conceito dominante na educação e na filosofia, bem como em outras áreas devotadas ao projeto de melhoria da sociedade na virada do século. Para Forrester, a psicanálise recoloca a questão da moral em outras bases, ao substituir a "vontade" como categoria ético-psicológica fundamental pelas de desejo e pulsão.

John Forrester examina diversas críticas feitas à teoria freudiana no que tange à distinção entre conteúdo latente e manifesto do sonho e o consequente trabalho de interpretação que essa distinção exige. Neste caminho, passa pela obra da ensaísta e romancista americana Susan Sontag e pela crítica de alguns neurocientistas que se voltaram fortemente contra a ideia de que os sonhos têm algum sentido, qualquer que seja.

Se considerarmos os argumentos de Freud, como afirma Forrester, não é possível dizer que um sonho é "somente" um sonho, na medida em que ele é um ato mental e parte integrante da vida interior de cada um. Freud examina, no início do livro em questão, o tema da responsabilidade moral pelo conteúdo do sonho. Como analista, ele jamais seria condescendente com a fala de Jocasta a Édipo em *Édipo Rei*, quando esta tenta dissuadi-lo de investigar a suspeita de incesto porque, afinal, em sonhos muitos homens dormem com suas mães[1]...

NINA SAROLDI

---

[1] Freud menciona essa fala de Jocasta no item B de *Algumas notas adicionais sobre a interpretação dos sonhos como um todo* (1925). Edição Standard Brasileira das Obras Psicológicas Completas de Sigmund Freud. Rio de Janeiro, Imago, volume XIX.

SOBRE FREUD, *A INTERPRETAÇÃO DOS SONHOS*

*John Forrester**

Ao publicar *A interpretação dos sonhos*, Freud era um médico de 43 anos, com uma clínica estabelecida, se bem que ocasionalmente instável, na cidade em que residia, Viena — um neurologista respeitado, líder em seu campo, com a reputação de formular arriscadas conjecturas especulativas na teoria e no tratamento das neuroses. O amor apaixonado de que ele se tomou por Martha Bernays, ao conhecê-la em 1882, foi a razão principal, se não única, de sua desistência da carreira a que havia decidido dedicar-se até seus vinte e poucos anos — a trilha acidentada e imprevisível do trabalho de pesquisador científico nas universidades de língua alemã. Freud resignou-se a abrir mão da vida acadêmica, para ganhar mais dinheiro na azáfama do exercício da clínica geral. Em 1896, já tinha seis filhos e uma despesa doméstica considerável com que arcar. Todavia, apesar de absorto em

---

* O texto aqui apresentado constitui a Introdução de John Forrester a uma nova tradução de *Die Traumdeutung*, em Sigmund Freud, *Interpreting Dreams*, trad. J.A. Underwood, Londres, Penguin Books, col. "Modern Classics", 2006. Ver, ao final do texto, a seção intitulada "O livro como colagem". (*N. da T.*)

seu trabalho clínico, isso nem de longe significava que houvesse desistido de suas ambições científicas; Freud tinha a esperança de contribuir com descobertas ímpares sobre a causação e o tratamento das doenças nervosas. Como disse em uma carta a seu único amigo íntimo e também colega, Wilhelm Fliess, em maio de 1895, "um homem como eu não pode viver sem um cavalo de batalha, sem uma paixão devoradora, sem (...) um tirano. Encontrei-o (...) Trata-se da psicologia, que sempre foi a meta distante a acenar para mim, e que agora, desde que deparei com o problema das neuroses, aproximou-se muito mais".[2] Havendo publicado em 1895, com Josef Breuer, um livro bem acolhido — *Estudos sobre a histeria* —, Freud almejava "examinar a forma que assumirá a teoria do funcionamento psíquico se introduzirmos considerações quantitativas, uma espécie de economia das forças nervosas", e descobrir o que a psicopatologia poderia oferecer ao estudo da psicologia comum. Em suma, tencionava fundar uma psicologia científica.

Os métodos que empregou derivaram, como seria bastante natural e sensato, de seu trabalho no dia a dia: o tratamento de pacientes neuróticos por meio dos novos métodos psicoterápicos, tal como desenvolvidos a partir da onda de hipnotismo médico que varreu a Europa na década de 1880 e no início da de 1890. O projeto de uma psicologia científica

---

[2] Sigmund Freud, *The Complete Letters of Sigmund Freud to Wilhelm Fliess. 1887-1904*, org. J.M. Masson, Cambridge, Mass., Harvard University Press, 1984 [*A correspondência completa de Sigmund Freud para Wilhelm Fliess, 1887-1904*, trad. Vera Ribeiro, Rio de Janeiro, Imago, 1986], carta de 25 de maio de 1895, p. 129.

estava nos planos de muitos pesquisadores do fim do século, com a utilização de métodos radicalmente diferentes. Em muitos departamentos de filosofia das universidades de língua alemã, a psicologia experimental vinha despontando como um projeto distinto e ambicioso, que estudava as reações da mente normal em experiências de laboratório, muitas vezes conduzidas pelos pesquisadores com eles mesmos. Na Grã-Bretanha, surgiu um projeto de estudo da variação estatística em grandes populações de sujeitos experimentais, iniciado por Francis Galton e associado à "psicometria" e ao aprimoramento eugênico da raça. Freud, tal como Pierre Janet na França, desenvolveu um estudo clínico intensivo do psiquismo individual anormal. Dentre os três "sujeitos" da psicologia — o experimental, o estatístico e o clínico —, apenas o terceiro despertava seu interesse. O livro sobre os sonhos foi a extensão da investigação clínica do psiquismo "anormal" a um novo campo, a fim de proporcionar a base para uma psicologia ambiciosa e verdadeiramente científica. Os sonhos eram o veículo ideal para esse projeto: experiências universais, com uma história de fascínio expressa na literatura popular e esotérica, porém com claras ligações com os estados extremos de loucura e de anormalidade cotidiana.

Embora Freud houvesse alimentado um interesse documentável pelos sonhos durante anos, foi a combinação de dois acontecimentos em sua vida e seu trabalho que o levou a redigir um livro completo sobre o assunto. O foco de seu trabalho, desde o final da década de 1880, centrara-se na teoria e terapia das neuroses, e nesse campo ele havia elaborado teorias clínicas e teorias especulativas imponentes, inclusive a da ab-reação, que concernia ao papel desempenhado pelas lembranças traumáticas na produção de sintomas — com ênfase cada vez maior nas lembranças de experiências sexuais na infância. Ao mesmo tempo, Freud havia aprimorado seus métodos de exploração psicológica, introduzindo a "associação livre" para substituir a catarse sob hipnose, ou em um estado anormal de consciência especialmente induzido; e foi como parte da enxurrada do material produzido pela associação livre que ele deparou mais e mais com sonhos, fantasias e outros detritos da vida psíquica cotidiana. O modo como as experiências traumáticas — em particular as sexuais — eram elaboradas pelos "mecanismos de defesa", passando a produzir sintomas, tornou-se o foco de seu trabalho em meados da década de 1890; os mesmos processos, julgou ele, entravam em ação nos sonhos. Todavia, no outono de 1897, todo esse trabalho pareceu cair por terra: ele foi obrigado a descartar sua teoria das neuroses, ao se dar conta de que não tinha como distinguir a fantasia ou os estados oníricos da realidade, e, portanto, não dispunha de condições causais claramente definidas para a produção de sintomas. Como refletiu em uma carta a seu amigo íntimo de Berlim, Wilhelm Fliess: "Neste colapso de tudo o que é valioso, apenas o psicológico permaneceu intacto. O sonho continua inteiramente seguro e meus primórdios do trabalho metapsicológico só fizeram crescer em meu apreço. É uma pena que não se possa ganhar a vida, por exemplo, com a interpretação de sonhos!"[3]

Freud encontrou um modo de viver da interpretação de sonhos. Juntou o sonho e a metapsicologia no livro publicado no fim de 1899. Mas houve um outro ingrediente cru-

---

[3] *Idem*, carta de 21 de setembro de 1897, p. 265-268 [edição brasileira].

cial. É possível que o fracasso de sua teoria das neuroses o tenha instigado a enveredar pelo caminho do sonho, mas o material principal utilizado no livro não veio de sua prática terapêutica, e sim de sua "autoanálise". Em outubro de 1896, seu pai faleceu e, tal como seus próprios pacientes, ele se viu acossado por estados psíquicos estranhos, por enormes e inexplicáveis variações de humor e por sintomas neuróticos. Nos meses seguintes, que se estenderam por todo o período de redação do livro, ele mergulhou na análise de seus próprios sonhos em reação a essa morte. Muitos dos componentes básicos do livro já estavam disponíveis no fim de 1897, e Freud havia começado a trabalhar no manuscrito. Mas deparou com alguns obstáculos, inclusive o problema da indiscrição e a censura que Fliess vinha impondo a seu material: "Eu mesmo perdi o senso de vergonha que se exige de um autor (...) [Confesso] que lamento [a exclusão do sonho] e que não tenho esperança de encontrar outro melhor como substituto. Como você sabe, um belo sonho e nenhuma indiscrição... não combinam."[4] O livro ficou parado por mais um ano, até Freud se decidir a encontrar um modo de contornar a censura; escrevendo febrilmente no verão de 1899, concluiu o livro, e os primeiros capítulos foram para o prelo enquanto ele redigia os posteriores.[5]

---

[4] *Ibid.*, carta de 9 de junho de 1898, p. 316 [edição brasileira].

[5] Para uma discussão detalhada sobre a redação do livro, ver Forrester, "Dream readers", em *Dispatches from the Freud Wars*, Cambridge, Massachusetts, Harvard University Press, 1997, p. 138-83; Ilse Grubrich-Simitis, "Metamorphoses of the Interpretation of Dreams", *Int. J. Psycho-Anal.*, 81 (2000), p. 1155-83; Lydia Marinelli e Andreas Mayer, *Dreaming by the Book. Freud's The Interpretation of Dreams and the History of the Psychoanalytic*

"Este livro (...) contém, mesmo de acordo com meu julgamento atual, a mais valiosa de todas as descobertas que tive a felicidade de fazer. Um discernimento claro como esse só acontece uma vez na vida." Assim escreveu Freud, em 1931, no prefácio à terceira edição inglesa da tradução feita por A.A. Brill para *Die Traumdeutung*. Trata-se, incontestavelmente, da obra-prima de Freud. Como livro, no entanto, ela é um elefante desajeitado. Impressionante no controle geral da argumentação ao longo de centenas de páginas, vez por outra o texto também é pesado, atulhado de argumentos sutis sobre os sonhos, o sono e a vida psíquica em geral. Cativante em alguns pontos, em outros é um refugo apinhado de fragmentos do sono de pacientes e colegas. Apanhamo-nos perguntando, irritados, ao longo da leitura: que tipo de livro é esse? E será que esse problema provém de uma indagação maior, ao fundo, qual seja, que tipo de autor é Freud?

O livro mais óbvio com que comparar o de Freud é *A origem das espécies*. Talvez o cavalheiro naturalista e o médico judeu pareçam ter pouco em comum, afora o fato crucial[6] de nenhum dos dois jamais ter sido assalariado pelo trabalho em uma instituição. Mesmo em 1859, era incomum uma grande teoria científica ser formulada em um livro destinado ao público em geral; em 1900, isso era deci-

---

trad. Susan Fairfield, Nova York, Other Press, 2003; Didier Anzieu, *Freud's Self-analysis*, trad. Peter Graham, Londres, Hogarth Press e Institute of Psychoanalysis, 1986 [*A autoanálise de Freud e a descoberta da psicanálise*, trad. F. Franke Settineri, São Paulo, Artes Médicas, 1989]; Alexander Grinstein, *Sigmund Freud's Dreams*, Nova York, Int. Univ. Press, 1980.

[6] Compartilhado com Nietzsche, após seu breve período como professor de filologia, e com Marx, num ponto anterior do século XIX.

didamente anômalo.[7] Depois de 1900, seria de se supor que nenhum grande trabalho científico pudesse ser publicado em livro, muito menos por um profissional não integrante do mundo acadêmico. Invertamos o argumento: Freud publicou seu livro justamente quando a maré da *ciência popular*, que tivera uma ascensão tão expressiva ao longo do século XIX, começava a baixar. Os principais indicadores da ciência no século XX viriam a ser o *tamanho* (medido em termos da força de trabalho utilizada e do investimento de capital), que exigia uma vinculação com instituições sólidas e ricas (indústria, universidades, governo), e seu *caráter fechado e hermético* (publicação em "periódicos especializados", monografias profissionais, patentes, memorandos de grupos de pesquisa). Nenhuma ciência moderna poderia ter a esperança de falar predominantemente na linguagem acessível de um livro e ser levada a sério pelo círculo de profissionais especializados que realmente importava. Nenhuma ciência poderia firmar-se sem a intensa competitividade e o escrutínio cético associados às funções de policiamento de instituições hegemônicas fechadas, nem sem a intensa pressão em favor de uma prosa anônima, inerte e despersonalizada — uma característica singularmente ausente em toda a obra freudiana.

Não há dúvida quanto à *autoridade* do tom do autor de *A interpretação dos sonhos*. Mas ela é sempre uma autoridade

---

[7] I. Bernard Cohen considera *Die Traumdeutung* a última obra científica revolucionária a ter sido publicada em forma de livro; ver, de sua autoria, *Revolutions in Science*, Cambridge, Harvard University Press, 1985, p. 356.

pessoal e *jocosa*. A voz de Freud é incisiva e segura, mesmo quando ele fala em um estilo informal de conversa, mesmo quando formula em tom humilde, e com os devidos acenos para o caráter provisório, visões teóricas desafiadoramente novas. Um traço curioso e inquietante de seu estilo é que as construções mais confessadamente especulativas sobre a primeira infância de um paciente podem soar tão seguras quanto o fato de hoje ser terça-feira. A incredulidade quanto a sua pretensão se transforma em confusão, ao reexaminarmos as frases e constatarmos, em geral, que todas as refutações e ressalvas necessárias estão nos devidos lugares. Deparamos com a voz de um estilista ímpar, proferindo as verdades universais de uma ciência.[8] Essa voz inimitável — particularmente clara na análise de seus próprios sonhos — faz-nos lembrar que essa "nova ciência" é uma ciência do indivíduo singular e traz a marca de um indivíduo muito específico: seu fundador.

---

[8] Compare-se a admiração de Einstein pelo estilo freudiano, muitas vezes enunciada, com seu ceticismo a respeito das conclusões científicas extraídas por Freud: "Admiro, muito especialmente, a sua realização [em *Moisés e o monoteísmo*], como faço em relação a todos os seus escritos, do ponto de vista literário. Não conheço nenhum contemporâneo que tenha exposto esse assunto em língua alemã de maneira tão magistral. Sempre lamentei que, para o não especialista sem experiência com pacientes, seja quase impossível formar um juízo sobre a natureza decisiva das conclusões de seus escritos." (Carta, 4 de maio de 1939, em Ernest Jones, *Sigmund Freud. Life and Work*, vol. III, Londres, 1957, p. 259 [*A vida e a obra de Sigmund Freud*, trad. Julio C. Guimarães, Rio de Janeiro, Imago, Série Analytica, 3 vols., 1989]).

Freud estava cônscio de que sua estranha nova disciplina da interpretação de sonhos suscitava problemas profundos de autoridade. Uma das soluções que encontrou foi iniciar o livro com uma exibição virtuosística de *domínio* da bibliografia "científica" sobre os sonhos — as "autoridades". Considerou ingrata essa tarefa, mas a executou tão bem que extraiu dessa literatura visões aparentemente claras sobre as quais erigir sua própria teoria. Sua exposição da bibliografia, bem como a referência contínua a ela ao longo de todo o livro dos sonhos, permitiram-lhe distribuir elogios e críticas, tijoladas e flores. Em alguns momentos, ele apresentou essas autoridades como aliados; em outros, como inimigos com antolhos lastimáveis, no intuito de demonstrar a mestria e a suficiência de suas próprias teorias.

Lidar com as autoridades no Capítulo 1 foi apenas um preâmbulo:

A coisa foi planejada segundo o modelo de um passeio imaginário. No começo, a floresta escura dos autores (que não enxergam as árvores), irremediavelmente perdidos nas trilhas erradas. Depois, uma trilha oculta pela qual conduzo o leitor — meu sonho exemplar, com suas peculiaridades, pormenores, indiscrições e piadas de mau gosto — e então, de repente, o planalto, com seu panorama e a pergunta: em que direção você quer ir agora?[9]

---

[9] Freud, *A correspondência completa..., op. cit.*, carta de 6 de agosto de 1899, p. 366 [edição brasileira].

Mas a metáfora do passeio não nos diz por que território a trilha oculta conduzirá o leitor, assim como a metáfora do panorama não especifica a paisagem descortinada. A que viagem nos leva Freud?

A "trilha oculta" é o Capítulo 2 — o canal de parturição da psicanálise, por assim dizer. Freud descreve o método que descobriu para interpretar o sonho: decompô-lo em elementos e aplicar a cada um deles a técnica da associação livre. Ele aplica esse método ao sonho-modelo, seu sonho com a injeção de Irma, ocorrido em julho de 1895 e que constituiu o momento em que ele cristalizou esse método e sua "solução". O que Freud obtém com esse sonho-modelo é de natureza dupla: ele expõe sua vida interior como o material no qual pode basear-se um método de interpretação dos sonhos e, além disso, oferece uma descoberta ousada e original sobre a natureza essencial do sonho, como primeiro resultado desse método: o sonho é uma realização de desejo.

É aí que começam as perguntas: como pode Freud afirmar que *todos* os sonhos são realizações de desejos, com base em apenas um sonho, e ainda por cima um sonho seu? As afirmações contrárias são muito óbvias: será que os sonhos de angústia, para não falar nos pesadelos,[10] são reali-

---

[10] O pesadelo era tradicionalmente distinguido dos sonhos de angústia; o "*Alptraum*", "*cauchemar*" ou pesadelo envolvia uma forte pressão no peito e uma sensação opressiva de sufocamento. Freud só usa o termo "*Alptraum*" duas vezes nesse livro, ambas no Capítulo 1, ao discutir autores precedentes: uma delas em uma passagem citada de outro autor, e a segunda ao assinalar que o "famoso pesadelo" é especialmente frequente nas pessoas com doenças pulmonares, e também pode ser experimental-

zações de desejo? Encontrar a resposta adequada para uma certa pergunta — "Por que Freud enuncia com tanta convicção a tese da universalidade da realização de desejo nos sonhos, a despeito de tantos indícios em contrário?" — tem muito a ver com a essência de *A interpretação dos sonhos*. Creio que existem quatro respostas muito diferentes para tal pergunta. Vou chamá-las de resposta "tradicional", resposta "teórica", resposta da "visão de mundo" e resposta "dialética", e passo a abordá-las sucessivamente.

A resposta "tradicional"

A estratégia de Freud no Capítulo 2 é contrastar seu método, de um modo vantajoso, com o dos autores "científicos" que ele acaba de resenhar com muito cuidado, bem como respaldar a "visão leiga" (*Laienmeinung*) dos sonhos.

---

mente induzido mediante o cerceamento da respiração. Ele adere claramente à visão tradicional do "pesadelo" como uma classe restrita de fenômenos noturnos; sua teoria dos sonhos não versa especificamente sobre essa classe. Observe-se que o uso de "pesadelo" na tradução aqui apresentada [de J.A. Underwood], ao final do Capítulo 7, Seção B, "Regressão", é de um termo, "*Schreckgespenst*", que estaria classicamente ligado ao *Alptraum* — "íncubo", ou, literalmente, "espectro assustador". Para mais detalhes, sou grato a Lisa Downing, "Narrating the Nightmare: Literary and Scientific Accounts of Night Terrors in Nineteenth-Century France", trabalho apresentado no Seminário de Estudos Psi da Universidade de Cambridge, 17 de novembro de 2004. Ver também Ernest Jones, *On the Nightmare*, Londres, L. & Virginia Woolf, Hogarth Press e Institute of Psycho-analysis, 1931.

Aliar-se às visões leigas, "populares" e "supersticiosas", contrariando a ciência oficial e respeitável, é um gesto repetido por Freud. Ele propõe uma teoria insolente e ousada dos sonhos, que é uma simples extensão intrépida desse sentido da palavra "sonho", o qual era muito persistente e, na era da propaganda e da política populista, muito ubíquo. No dicionário, o sonho é definido como "um ideal ou aspiração" — como em "Eu tenho um sonho", ou em "o sonho norte-americano", ou na imortal canção de *Pinóquio*:* "Quando se faz um pedido a uma estrela/ Os sonhos se realizam." Reagir a Freud com a afirmação de que "nem *tudo* que acontece durante o sono é um sonho, no sentido da realização de 'um ideal ou aspiração'", pode provocar uma imediata afirmação contrária: "As pessoas comuns sabem tão bem quanto os cientistas que nem todos os sonhos são imagens agradáveis de lautos banquetes e de parceiros sexuais constantemente disponíveis, mas continuam a significar exatamente o que elas dizem ao falar de 'tornar seus sonhos realidade'. Quem quiser que corra o risco de contrariar essa antiga sabedoria!"

Essa invocação da força e da irrefutabilidade das ideias tradicionais, das concepções "populares", viria a ser uma parte crucial da atração da psicanálise em anos posteriores. Freud não estava *substituindo* a linguagem tradicional da vida humana por uma nova linguagem científica *hermética*. Não existe uma linguagem secreta da psicanálise, da qual os seres humanos comuns estejam isolados *por princípio*, por

---

*Referência ao famoso desenho animado produzido por Walt Disney em 1940. O "Eu tenho um sonho" alude, é claro, ao célebre discurso de Martin Luther King. (*N. da T.*)

não poderem encontrar nenhum equivalente em sua experiência pessoal — nada de neurônios, mensageiros químicos ou processos subcorticais. Essa evitação viria a ser objeto de muitas críticas e desdém: o chamado antropomorfismo das teorias freudianas — o censor, o supereu, o isso, as resistências do paciente — era uma extensão, ante a reprovação científica mecanicista, do linguajar comum da vida cotidiana. E, o que era mais importante, permitia que os objetos da ciência de Freud — os pacientes, as pessoas que sonham, as que fazem piadas, os entusiastas religiosos — falassem a mesma língua que o analista e o cientista freudiano. Proclamar a centralidade do "desejo" no cerne da psicologia humana foi o primeiro passo nesse processo de elaborar uma psicologia moderna, que era uma extensão da "psicologia popular", e não um substituto dela.

O "desejo" como psicologia teórica

A segunda resposta é relativamente invisível até a Seção C do Capítulo 7, "A psicologia dos processos oníricos", que aborda o tema da realização de desejos do ponto de vista teórico. Freud inicia essa seção tratando com imparcialidade a possível contribuição de diversos tipos de desejos: desejos remanescentes da véspera, desejos rejeitados pela mente desperta, desejos — como a sede ou o desejo sexual — derivados de sensações corporais experimentadas durante a noite, e os desejos mais profundos, recalcados no inconsciente e derivados da infância. Mas ele não tarda a descartar essa abordagem imparcial e a afirmar que "*o desejo representado no sonho tem de ser um desejo infantil*". A partir daí, sua argumentação assume a forma de uma dedução. A atividade psíquica pré-consciente comum fica suspensa ou severamente limitada nas condições do sono. Portanto, "a excitação noturna no *Pcs.* não tem alternativa senão tomar o caminho seguido pelos instigadores de desejo que provêm do *Ics.*; ela tem de buscar reforço no *Ics.* e seguir os desvios das excitações inconscientes".[11] A atividade psíquica que não constitui predominantemente um desejo tem de pegar carona com os desejos inconscientes, aos quais é dada toda essa liberdade, à noite, justamente por estar barrado o caminho da motilidade, da ação. É graças à suspensão da atividade física do corpo que o inconsciente, que lida apenas com desejos, passa a dominar a atividade mental do sono, isto é, o sonho.

E por que o inconsciente lida apenas com desejos? Freud diz que dará uma resposta derivada não do estudo dos sonhos, mas da ajuda do diagrama do aparelho psíquico elaborado por ele algumas páginas antes. Este fornece um esquema linear do processo — modelado no reflexo — pelo qual as percepções transitam, passando pelos sistemas mnêmicos, em direção à saída motora. Todavia, a descrição que ele elabora nesse momento não deve muito ao citado diagrama. Constitui, antes, a primeira exposição das hipóteses "metapsicológicas" fundamentais sobre as quais se apoia a teoria psicanalítica da mente. Freud conta-nos uma história da origem do psiquismo.

---

[11] Essas passagens são citadas como na nova tradução [de Underwood], *Interpreting Dreams*; em outros pontos, fiz algumas adaptações da tradução. (*N. da T.*)

Pressionado por necessidades internas (p. ex., a fome), o bebê desamparado e faminto encontra o caminho de uma "vivência de satisfação":

Um componente essencial dessa vivência é o aparecimento de uma dada percepção (em nosso exemplo, o ser alimentado) cuja lembrança fica associada, a partir daí, ao traço mnêmico da excitação produzida pela necessidade. Graças ao vínculo associativo, tão logo essa necessidade reaparece, surge uma moção psíquica que procura reinvestir a lembrança daquela percepção e reevocar a própria percepção — a rigor, dito de outra maneira, ela almeja restabelecer a situação de satisfação original. A essa moção damos o nome de desejo; o reaparecimento da percepção é a realização desse desejo, e, quando a excitação da necessidade investe essa percepção com uma carga plena, esse é o caminho mais curto para a realização do desejo. Nada nos impede de postular um estado primitivo do aparelho psíquico em que esse caminho seja efetivamente seguido, isto é, em que o desejo se transforme em alucinação. Portanto, essa atividade psíquica inicial visa a uma *identidade de percepção*, ou seja, visa repetir a percepção associada à satisfação da necessidade.

Entretanto, a dura experiência ensina que a alucinação do objeto desejado não leva a uma satisfação contínua. Um sistema secundário inibe o investimento da memória e sua transformação em uma percepção; em outras palavras, inibe a realização do desejo, até que sejam recebidas percepções do mundo externo (e o modo como o sistema se certifica de que elas provêm do mundo externo, e não são resíduos de lembranças, é um assunto delicado) que se equiparem ao conjunto de traços associados à vivência de satisfação. Esse sistema secundário, que funciona de acordo com o "processo secundário" do pensamento, é a garantia de que a satisfação possa ser obtida na realidade.

Toda a atividade de pensamento é uma simples maneira indireta de ir da lembrança de satisfação, aceita como ideia dotada de propósito, até o investimento idêntico da mesma lembrança, a ser recuperada por meio de vivências motoras.

Essa argumentação dedutiva leva a uma conclusão direta a respeito da ontologia do desejo:

O pensamento, afinal, nada mais é que um substituto do desejo alucinatório, e, se o sonho é uma realização de desejo, isso se torna efetivamente evidente, uma vez que nada senão o desejo é capaz de pôr em funcionamento nosso aparelho psíquico. O sonho, que realiza seus desejos pela via curta da regressão, simplesmente preservou para nós uma amostra do modo *primário* de funcionamento do aparelho psíquico, posteriormente abandonado como ineficaz. O que um dia dominou o estado de vigília, quando a psique ainda era jovem e incompetente, parece agora ter sido banido para a noite — tal como as armas primitivas abandonadas do homem adulto, os arcos e as flechas, são redescobertas no quarto de brinquedos. *O sonho é um ressurgimento da vida psíquica infantil já suplantada.*

Trata-se de um argumento sumamente sólido e direto. O modo primitivo de funcionamento da psique é o desejo: somente o desejo aciona o motor a que chamamos pensamento. Se parece plausível afirmar que o sonho é movido pelo campo psíquico ainda dominado por aquela antiga forma de funcionamento mental, é óbvio que os sonhos serão movidos pelo desejo. A força da argumentação depende do pressuposto francamente plausível de que a outra parte da mente, a que funciona na vida de vigília, na "motilidade voluntária", fica em suspenso durante a noite, deixando o campo livre para o inconsciente. Nesse inconsciente não há medo, esperança, culpa nem vergonha: há apenas desejo e aversão.

Freud aliou essa argumentação teórica a uma outra mudança que teria efeitos momentosos em longo prazo. Para um psicólogo filosófico do século XIX, assim como para muitos alienistas e psiquiatras, a mente tinha três funções e modos de operação principais: havia o raciocínio (o que hoje chamaríamos de "cognição"), o sentimento (no qual Freud introduziria a linguagem dos "afetos") e a vontade. Essa divisão tripartite das funções mentais se coadunava facilmente com a típica ênfase vitoriana na vontade como centro da vida moral: assumir a responsabilidade pelos próprios atos era reconhecer que se os havia "querido",* e o

---

*No sentido de "ter tido vontade de" ou "desejado" praticá-los, na acepção da forma verbal *will* como "querer". (*N. da T.*)

aperfeiçoamento moral se centrava maciçamente no exercício — treinado ou não, educado ou não, aprimorado ou nato — da vontade. A linguagem da vontade desaparece por completo da psicologia de Freud, e com ela se vai também a inseparável dimensão moral do "aprimoramento" a que tanto se dedicavam os médicos, educadores e filósofos na virada do século XIX para o século XX. A nova psicologia seria uma psicologia que manteria a moral a meia distância, sobretudo depois da gigantesca transformação trazida pela Grande Guerra; a psicanálise freudiana lideraria esse distanciamento fundamental da concepção moral da mente humana. A linguagem do "desejo" permitiu que essa mudança se desse de forma imperceptível. À medida que Freud desenvolveu a psicanálise, o "desejo" foi incorporado na linguagem das pulsões ou dos instintos. Pulsões e desejos substituíram a vontade como "força motriz". Captamos sintomas dessa mudança nas primeiras exposições em língua inglesa do pensamento freudiano; em 1912, o psicólogo T.H. Pear, analisando seus próprios sonhos segundo o método de Freud, referiu-se à dimensão "conativa" da psique, tal como encontrada na teoria freudiana da realização de desejo, e recorreu à psicologia filosófica de William Hamilton para tentar abarcar a metapsicologia de Freud.[12] "Conativo" deriva do latim *conatus*, que significa esforço ou empenho. Assim, a linguagem freudiana do "desejo" conducente à ação foi desenvolvida para abranger e substituir a lingua-

---

[12] Pear, Tom H., "The analysis of some personal dreams with reference to Freud's theory of dream interpretation", *British Journal of Psychology* 6 (1913-14), p. 281-303.

gem mais antiga e ideologizada da vontade e da responsabilidade.

Toda a tese freudiana concernente à vivência de satisfação e à mecânica do pensamento tinha sido escrita em um trem, no outono de 1895, só que na linguagem dos neurônios e da excitação nervosa. Posteriormente, Freud descartou esse manuscrito, embora ele tenha sido publicado, tempos depois, como o "Projeto para uma psicologia científica". Talvez isso atenue um pouco o nosso assombro por Freud ter redigido em onze dias o capítulo teórico final do livro dos sonhos, com suas cem páginas, e tê-lo mandado diretamente à gráfica para ser impresso. A tese já fora escrita quatro anos antes e havia sido examinada e criticada por seu autor, que manifestava suma confiança em sua possibilidade de transformar um modelo neurológico em uma teoria psicológica, e sabia justificar sua ousadia teórica: "podemos dar rédeas largas às conjecturas, desde que, nesse processo, mantenhamos a serenidade e não confundamos os andaimes com a construção."

Essa tese, sofisticada em seu reconhecimento da relação entre as teorias e os fenômenos, permitiu que Freud encarasse sua mitologia cerebral especulativa anterior — supostos neurônios, supostas leis de facilitação e condução, ou sistemas de inibição e retroalimentação lateral — como "andaimes" convenientes para a construção, "a psique" em si. Ele nunca mais se sentiria tentado a identificar as leis do cérebro com o funcionamento psíquico; em vez disso, descobriu o caminho para explorar ao máximo os recursos conceituais de que dispunha. Algumas páginas antes de fornecer o modelo da vivência primária de satisfação e da origem do desejo, Freud fez outro registro metafórico, retratando a economia do desejo com base nas múltiplas relações entre empresários e capitalistas. Em um dos modelos, a força propulsora da psique é uma necessidade corporal, transmitida à mente como uma quantidade nervosa — fruto de seu ataque aos recursos da ciência cerebral; no outro, a força propulsora da psique é o dinheiro:

> O pensamento diurno pode perfeitamente desempenhar o papel de *empresário* do sonho; mas o empresário, a pessoa que dizem ter a ideia e a iniciativa para executá-la, não pode fazer nada sem o capital; precisa de um *capitalista* para arcar com o gasto, e o capitalista que fornece o desembolso psíquico para o sonho pertinente é sempre, sem exceção, *um desejo oriundo do inconsciente*.

O empresário pode ter ideias, contatos, habilidades e *savoir-faire*, mas, sem o capital, sem dinheiro, não vai a parte alguma, nada acontece. A metáfora do capital introduz três aspectos: a universalidade cega que é muito característica do dinheiro, e que corrói todas as diferenças entre particulares; a força propulsora envolvida na produção; e o elemento em que Freud se concentrou, "o *tertium comparationis* [terceiro elemento de comparação] das metáforas aqui empregadas: a quantidade posta à disposição [do empresário] em um determinado montante". Oculta nessa metáfora, entretanto, está outra afirmação do porquê de o "desejo" ser o modo de operação privilegiado da psique. O empresário, o ator do presente, pode deter e utilizar o dinheiro, mas o dinheiro sempre vem de outro lugar — do capitalista e, além dele, de uma rede de acumulações passadas, de estruturas e relações de confiança sedimentadas como a base da própria instituição do dinheiro. Essas estruturas de confiança são comparáveis às "vivências de satisfação" fundamentadoras, na descrição freudiana do desenvolvimento primário.

Há, portanto, uma cadeia longa e muito bem sustentada de raciocínios que leva Freud de uma argumentação antropológica sobre a natureza dos seres humanos, do funcionamento originário do aparelho psíquico, passando pela elaboração do pensamento adulto, até a afirmação de que, nas condições do sono, somente o desejo é capaz de ter força suficiente para impulsionar a psique e, desse modo, produzir sonhos. Trata-se de um argumento teórico profundamente calcado nos modelos do cérebro, mas tão livremente desvinculado deles, que Freud deixa muito claro que outros modelos — tirados da economia, da mitologia homérica ou de todas as outras esferas com que seu ágil espírito metafórico se comprazia — são igualmente úteis como fisiologia cerebral. Freud nunca ficaria confinado a uma especialidade. Teve a sorte de construir seu caminho fora dos limites e das restrições disciplinares do mundo acadêmico. E transformou essa sorte em capital conceitual, recorrendo livremente a todos os registros da metáfora para desenvolver seu modelo do psiquismo.

O desejo como visão de mundo

Na época da publicação de *A interpretação dos sonhos*, Freud era um cidadão tão privado quanto se poderia desejar. Suas atividades colegiadas tinham se reduzido a praticamente zero; a única sociedade que ele frequentava com regularidade era a B'nai B'rith. Seu desapontamento com a recepção silenciosa dada a seu livro se manifestou na seguinte descrição feita a Fliess, no início de 1900, sobre sua vida cotidiana:

> A recepção dada ao livro e o silêncio subsequente tornaram a destruir qualquer germe de relacionamento com meu meio. (...) Encontrei uma saída [do impasse em meu trabalho] renunciando a qualquer atividade mental consciente, de modo a tatear às cegas entre meus enigmas. (...) Em minhas horas de folga, tomo o cuidado de não refletir sobre isso. Entrego-me a minhas fantasias, jogo xadrez, leio romances ingleses; tudo o que é sério está proibido. Durante dois meses, não escrevi uma única linha do que aprendi ou conjecturei. Tão logo me vejo livre de minhas tarefas, vivo como um burguês em busca do prazer. Você sabe quão limitados são os meus prazeres. Não me é permitido fumar nada que preste; o álcool de nada me serve; parei de gerar filhos; e estou isolado do contato com as pessoas. Assim, vou vegetando inofensivamente, tomando o cuidado de manter a atenção desviada do assunto em que trabalho durante o dia. Dentro desse sistema, sinto-me animado e à altura de minhas oito vítimas e torturadores.[13]

---

[13] Freud, *A correspondência completa...*, *op. cit.*, carta de 11 de março de 1900, p. 404-5 [edição brasileira].

No entanto, livros e artigos logo começariam a fluir de sua pena. Começando pelo sonho, objeto apropriadamente privado e irreal para um homem retirado do mundo, Freud viria a buscar uma série de objetos e fenômenos não considerados até então, fazendo brilhar sobre eles a luz de seu método psicanalítico e recrutando-os como pontes que lhe permitissem controlar o mundo cada vez maior e mais público. Como ele refletiu em 1932, com *A interpretação dos sonhos*, "a análise deixou de ser um procedimento psicoterápico e passou a ser uma psicologia profunda".[14]

O segundo desses objetos foi o "ato falho freudiano". Como observou Paul Keegan em sua brilhante "Introdução" à nova tradução da *Psicopatologia da vida cotidiana* lançada pela Penguin, o cenário desse livro não é, como no caso dos sonhos, a privacidade resguardada da vida durante a noite, mas a metrópole fervilhante em que tropeçamos e caímos, esquecemos nomes e lugares, onde "nossos dias são repletos de desvios farsescos e subtramas não incluídas no roteiro (...) uma comédia urbana improvisada (...) um dramalhão de café-concerto sobre nossas improvisações, sobre as contingências de nossa vida".[15] Na *Psicopatologia*, a psicanálise sai do quarto para a rua: "os atos falhos ocorrem quan-

---

[14] Sigmund Freud, *New Introductory Lectures on Psycho-analysis*, S.E. XXII, p. 7 [*Novas conferências introdutórias sobre psicanálise, Edição Standard Brasileira das Obras Psicológicas Completas de Sigmund Freud, ESB*, vol. XXII, Rio de Janeiro, Imago, 1ª ed., 1975].

[15] Sigmund Freud, *The Psychopathology of Everyday Life*, introdução de Paul Keegan, trad. Anthea Bell, Londres: Penguin, 2002, p. viii-ix [*Sobre a psicopatologia da vida cotidiana, ESB*, vol. VI, 2ª ed. rev., trad. Vera Ribeiro, Rio de Janeiro, Imago, 1987].

do nosso inconsciente se alia com a situação e passa a nos ridicularizar, meramente por havermos levantado de manhã e concordado em aparecer no palco do dia." Seu esquema explicativo é uma versão ampliada do que há no livro sobre os sonhos: um conflito entre dois sistemas ou tendências psíquicos, no qual um desejo normalmente mantido em uma rédea curta e civilizada solta-se momentaneamente, mordendo seu dono e os interlocutores deste com impiedosa indiscriminação. Mas a fórmula ampliada ainda não é inteiramente social: o lapso pode ser a vingança do inconsciente contra o eu, mas o culpado e a vítima continuam a ser o próprio sujeito, embora não se deva subestimar a crueldade de um ato falho bem-sucedido.[16]

Com *Os chistes e sua relação com o inconsciente*, de 1905, a psicanálise se tornou irremediavelmente social. São necessários dois para que haja uma piada, e a descrição de Freud distribui os papéis em consonância com isso: o autor do chiste executa o trabalho do chiste em favor do ouvinte, cujos desejos inconscientes são momentaneamente liberados do recalcamento pela piada; a realização desses desejos

---

[16] E Freud já havia assinalado tais momentos no livro sobre os sonhos: "Uma jovem senhora, que se acostumara a receber do marido um buquê de flores no dia de seu aniversário, sentiu falta desse símbolo de afeição em uma de tais datas e irrompeu em pranto por causa da omissão. Ao chegar, o marido não conseguiu compreender suas lágrimas, até que ela lhe disse: 'Hoje é meu aniversário.' Ao que ele deu um tapa na testa, exclamou 'Desculpe-me, eu tinha esquecido!' e já ia saindo para lhe comprar um buquê. Mas ela ficou inconsolável, por ver no esquecimento do marido uma prova de que já não ocupava no pensamento dele o lugar que antes havia desfrutado."

se expressa na explosão de riso, no espasmo orgástico do diafragma, do mesmo modo que a força impulsionadora do sonho encontra expressão na canalização da carga afetiva para o sistema perceptivo. Paralelamente ao chiste e ao ato falho, entretanto, Freud retraçou seu percurso oriundo do sonho em uma outra direção, tomando como ponto de partida os devaneios, que já havia discutido no livro sobre os sonhos:

> Como os sonhos, eles são realizações de desejos; como os sonhos, baseiam-se, em larga medida, nas impressões de experiências infantis; como os sonhos, beneficiam-se de um certo relaxamento da censura no tocante a suas criações. Examinando de perto sua montagem, percebe-se que o motivo desejante que atua em sua produção mistura, rearranja e compõe em um novo todo o material de que eles são construídos. Para as lembranças infantis de que derivam, eles estão na mesma relação de alguns palácios barrocos de Roma com as ruínas clássicas cujas colunas e pisos trabalhados forneceram o material para a reconstrução em formas modernas.

Mas os devaneios olham não apenas para trás, para a noite, e sim também para a frente, para o mundo público da literatura ficcional. As ubíquas atividades cotidianas do ato falho e do chiste se equiparam ao trabalho especializado de traduzir a fantasia na forma pública da arte. E há um outro campo popular aberto por Freud para o modelo desejante do sonho: o sintoma obsessivo universal conhecido como ritual religioso. Com isso, a série desejante se torna extensa: sonho — devaneio — fantasia — chiste[17] — ficção literária — ritual religioso. O trabalho profissional de Freud continuou concentrado no sintoma, também estruturado como resultado da realização de desejos, especificamente de um desejo inconsciente recalcado e de um desejo proveniente da instância recalcadora; mas o sintoma era apenas um membro dessa longa série, se bem que um membro privilegiado. Também ele teve seu alcance ampliado, primeiro pela analogia entre a compulsão obsessiva e o ritual religioso, depois pela analogia entre o objeto fobígeno e o animal totêmico das sociedades "primitivas". Assim, a teoria do desejo levou Freud da privacidade de seu consultório vienense para a razão de ser da estrutura social primitiva. E, mais ainda, para a origem da crença na magia.

É fácil perceber os motivos que levaram os seres humanos a praticar a magia: trata-se de desejos humanos. Tudo que precisamos supor é que o homem primitivo tinha uma imensa confiança no poder de seus desejos. Afinal, a razão básica pela qual o que ele busca por meios mágicos vem a ocorrer é, simplesmente, que ele assim o quer. Para começo de conversa, portanto, a ênfase recai apenas sobre o seu desejo.[18]

---

[17] Distinguido da fantasia pela consciência da vinculação com objetos da vida real.

[18] Freud, *Totem and Taboo*, S.E. XIII, p. 83 [*Totem e tabu*, *ESB*, vol. XIII, Rio de Janeiro, Imago, 1975].

Em contraste com o bebê que alucina o objeto de satisfação, o homem primitivo se empenha em um análogo da brincadeira infantil — o que Freud chama, em tom picante, de "alucinações motoras".[19]

Se as crianças e os homens primitivos consideram que a brincadeira e a representação imitativa lhes são suficientes, isso não é sinal de que sejam despretensiosos, nem no sentido que damos a essa palavra nem no de aceitarem com resignação sua impotência real. É o resultado, facilmente compreensível, da suprema virtude que eles atribuem a seus desejos, da vontade associada a esses desejos e dos métodos pelos quais tais desejos atuam.[20]

Em geral, o sistema da magia demonstra o valor excessivo que os seres humanos conferem aos desejos e aos pensamentos derivados destes; revela a "onipotência do pensamento" que rege tanto o animismo primitivo quanto o pensamento obsessivo.

Assim, ao desenvolver o modelo desejante do sonho para fazê-lo abarcar a religião, a magia e o objeto totêmico, a psicanálise se tornou uma antropologia, uma teoria do pró-

---

[19] Freud, *Totem and Taboo*, S.E. XIII, p. 84 [*Totem e tabu*, *ESB*, vol. XIII, Rio de Janeiro, Imago, 1975]. Embora Freud use essa expressão apenas uma vez em seu livro, fica claro que ela foi feita sob medida para se aplicar a certos rituais religiosos, em oposição a rituais de magia.

[20] *Totem and Taboo*, S.E. XIII, p. 84 [*Totem e tabu*, *ESB*, vol. XIII, Rio de Janeiro, Imago, 1975].

prio processo da evolução mental humana. Ao fazê-lo, passou a ser uma presença cada vez mais influente como força cultural independente; a voz de Freud passou a ter autoridade cultural. Daí seus últimos livros, que versaram diretamente sobre temas sociais e culturais: *O futuro de uma ilusão* e *O mal-estar na cultura*. Nesses livros, muitas vezes o ataque de Freud à religião foi considerado fraco e meio atípico, ou, no mínimo, desprovido de sua sutileza costumeira: o que fez o grande defensor do poder do irracional nas questões humanas, ao ser tão francamente rude e desdenhoso com uma das grandes realizações da humanidade?

O interesse principal de Freud nessas obras da velhice foi demonstrar a *origem* do sentimento e da fé religiosos no desenvolvimento da infância para a idade adulta. Aquilo a que esse desenvolvimento conduz é a vulnerabilidade peculiar dos seres humanos à dependência da autoridade. É essa dependência que os torna crédulos a ponto de acreditarem nas tolices ensinadas pelas religiões, tanto na esfera moral quanto na epistêmica. Para Freud, as religiões são "delírios das massas",[21] ou, mais frequentemente, simples ilusões cuja *força* deriva dos desejos infantis, tal como refletidos na infância da história humana:

[As ideias religiosas] são ilusões, realizações dos desejos mais antigos, intensos e urgentes da humanidade.

---

[21] Sigmund Freud, *Civilization and its discontents* (1930), *Standard Edition*, vol. XXI, p. 64-145, Londres, Hogarth Press, 1961, p. 81 [*O mal-estar na cultura*, traduzido na 1ª ed. da *ESB* como *O mal-estar na civilização*, *ESB*, vol. XXI, Rio de Janeiro, Imago, 1976].

O segredo de sua força reside na força desses desejos. (...) O que caracteriza as ilusões é elas derivarem de desejos humanos. Nesse aspecto, elas se aproximam dos delírios psiquiátricos. Mas também diferem destes, à parte a estrutura mais complexa que eles exibem. No caso dos delírios, enfatizamos como essencial o fato de eles contradizerem a realidade. As ilusões não precisam necessariamente ser falsas, isto é, irrealizáveis ou contraditórias à realidade.[22]

Buscar a verdade da religião na percepção mística — como no "sentimento oceânico" examinado em *O mal-estar na cultura* — não constitui um antídoto para a convicção de que *todos* os sentimentos religiosos são estados regressivos, induzidos pelo confronto com a dura realidade. A religião é o reduto da infantilidade, é uma regressão em massa socialmente sancionada, uma fuga da amarga realidade — das verdades da ciência, da morte, do caráter fundamentalmente inóspito do Universo — para consolações nas quais, no fundo, Freud não distingue o Papai Noel de Jesus Cristo.

Embora a crítica oitocentista da religião tenha dado a Freud boa parte de sua munição — o tratamento de documentos religiosos pela crítica bíblica, a descrição da religião por Feuerbach como uma "projeção", o projeto antropológico evolucionista (Darwin, Tylor, Robertson Smith, Fraser), que revelou "a semelhança fatal entre as ideias religiosas

---

[22] Sigmund Freud, *The Future of an Illusion* (1927), *Standard Edition*, vol. XXI: p. 30-1 [*O futuro de uma ilusão*, *ESB*, vol. XXI, Rio de Janeiro, Imago, 1976].

que reverenciamos e os produtos mentais de povos e épocas primitivos" —, a postura fundamental de denúncia derivou da crítica iluminista à religião. Nada se afina mais com a descrição freudiana da infantilidade da religião do que esta famosa declaração de Kant: "O esclarecimento é a emergência do homem da imaturidade que ele mesmo se impôs. A imaturidade é a impossibilidade de usar o próprio entendimento sem a orientação de outro." Ao se voltar para os três tipos de argumentos em favor da religião — a tradição divina, os milagres e o mistério da fé, expresso na proibição de se exigirem provas —, Freud deu continuidade a um conhecido ataque aos fundamentos da religião como dependentes da autoridade não fundamentada de terceiros.[23] Essa "animosidade iluminista", como a denominou acertadamente Philip Rieff, denunciou a religião como infantil e situou seus proponentes em algum ponto entre os padres ardilosos das diatribes de Voltaire e o cinismo paternalista do Grande Inquisidor. O acréscimo crucial a esse estilo denunciador foi a mudança para uma explicação psicológica da religião. A implacabilidade da natureza foi personificada; tal como na realização onírica do desejo, "o homem não transforma as forças da natureza em simples pessoas com quem possa relacionar-se, como se relacionaria com seus pares — o que não faria justiça à impressão acabrunhante que tais forças lhe causam —, mas lhes confere o caráter de um pai".[24] A consciência da ação da intencionalidade na natureza — o animismo — acaba levando à criação de deuses, os

---

[23] *Idem*, p. 25-29.
[24] *Ibid.*, p. 17.

quais, mesmo no mais elevado estágio "religioso", quando a natureza torna a ser despojada dos espíritos que a animavam, continuam a ser necessários para executar tarefas que atendem aos mais profundos anseios da humanidade: "eles têm de exorcizar os pavores da natureza, têm de conciliar os homens com a crueldade do destino, particularmente tal como exibida na morte, e têm de recompensá-los pelos sofrimentos e privações que a vida civilizada em comum lhes impôs." A crítica freudiana à religião tem seu contrapeso e seu contraste: "o trabalho científico é a única via capaz de nos conduzir ao conhecimento da realidade fora de nós."[25] É como se o Freud da velhice fosse reconduzido a seus entusiasmos juvenis — pelo positivismo, pelo darwinismo, por Feuerbach e por sua confiança na ciência e seu orgulho dela. Mas esses entusiasmos nunca haviam realmente desaparecido: na longa digressão de Freud, tinham sido apenas escorados pela psicologia.

A doutrina-chave que regeu todo esse desenvolvimento da teoria do desejo foi anunciada pela primeira vez na década de 1890: "Realidade e realização de desejo: é desses opostos que brota nossa vida psíquica."[26] Ela foi plenamente desenvolvida na distinção entre os princípios do prazer e da realidade, e suas consequências são visíveis na desconcertante certeza das ideias de Freud sobre a religião e o objetivo da vida humana. A descoberta dessa doutrina, ou sua fixação como alicerce do pensamento freudiano, ocorreu

---

[25] *Ibid.*, p. 31.
[26] Freud, *A correspondência completa...*, *op. cit.*, carta de 19 de fevereiro de 1899, p. 346 [edição brasileira].

muito cedo. Durante todo o período de 1894 a 1899, Freud havia redescoberto continuamente — e depois esquecido — a importância desse contraste, da oposição fundamental e do conflito irreconciliável, no âmago da vida psíquica, entre o desejo e a realidade. Os primeiros indícios da teoria da realização de desejo surgiram no campo das psicoses. Os exemplos clínicos de Freud parecem gritar esse conceito: "a mãe que adoeceu pela perda de seu bebê e que agora embala incessantemente nos braços um pedaço de madeira, ou a noiva rejeitada que, adornada com seus trajes nupciais, espera durante anos pelo noivo."[27] Paralelamente a esses exemplos, o olhar arguto de Freud foi atraído pelos sonhos de conveniência, como o do estudante de medicina que consegue mais alguns minutos de sono enquanto sonha com seu nome na lista dos que já marcaram o ponto na chegada ao hospital.

Portanto, se há uma doutrina que pode ser vista como estando no cerne do pensamento freudiano, trata-se do contraste entre os desejos humanos e a natureza inflexível da realidade. Para Freud, essa é uma simples enunciação dos fatos, tal como evidenciados pela ciência. É uma visão de mundo derivada, a seu ver, do progresso da ciência. A força inesgotável de nossos desejos depara com a inamovibilidade da realidade, em que os seres humanos são dilacerados pelo conflito incessante que nasce da tentativa de alterar, enfeitar ou ignorar a realidade, ou da tentativa neu-

---

[27] Sigmund Freud, "The neuro-psychoses of defence (I)" (1894), *Standard Edition*, III, p. 60 ["As neuropsicoses de defesa", *ESB*, vol. III, 2ª ed. rev., trad. Vera Ribeiro, Rio de Janeiro, Imago, 1987].

rótica de rechaçar, ignorar ou distorcer os desejos fundamentais do indivíduo. Esse contraste entre realidade e realização de desejo é um refrão que soa durante todo o desenvolvimento da psicanálise. *A interpretação dos sonhos* foi uma longa abertura que anunciou muitos temas dessa dimensão da psicanálise, a qual, à parte os aspectos clínico e profissional, soaria como uma crítica à cultura, uma cruzada contra a religião e a moral superior, uma ideologia para os modernos infiéis. Não admira que Freud tenha defendido com tamanha tenacidade e autoconfiança a tese de que todos os sonhos são realizações de desejo.

A resposta dialética

A simples afirmação de que "todo sonho é uma realização de desejo" suscita a contradição. Por que desafiar a sorte dessa maneira? Por que não ser mais circunspecto? O gesto mais original e revolucionário de Freud é seu convite a que o leitor o contradiga. Assim, a estratégia do livro é implicar imediatamente o leitor em uma discussão vigorosa. Freud coloca o leitor na posição de um crítico agressivo e se vê na defensiva, confrontado com um interlocutor incrédulo. E é exatamente isso que ele quer. Não se trata de uma preferência pessoal de Freud, de uma peculiaridade do seu temperamento: está no cerne do processo de "interpretar", que é o elemento-chave de sua abordagem dos sonhos.

O Capítulo 3, intitulado "O sonho é uma realização de desejo", inicia-se com toda a animação das novas paisagens descortinadas pela descoberta de que os sonhos têm sentido, e fervilha com uma multiplicidade de perguntas. Freud levanta a questão que está na mente de seu leitor:

Nosso primeiro sonho foi o ato de realização de um desejo; o segundo poderia revelar-se um temor realizado; o conteúdo de um terceiro talvez fosse uma reflexão; ao passo que o quarto talvez apenas reproduzisse uma lembrança. Haverá outros sonhos impregnados de desejo, ou será que não existem outros sonhos senão os desejantes?

No que vem a seguir, entretanto, ele não aborda essa questão, em absoluto. Em vez disso, narra uma série de sonhos perfeitamente encantadores e transparentemente realizadores de desejos, seguidos de perto por outra série igualmente encantadora de sonhos desejantes infantis. O cético certamente se sentirá ludibriado por essa abordagem. Mas a conversa animada sobre a vida onírica nos círculos de Freud fornece-nos uma indicação precoce de como as coisas correriam com essa tese audaciosa:

Um amigo meu, que conhece minha teoria dos sonhos e falou dela com sua mulher, disse-me, certo dia: "Minha mulher me pediu que lhe dissesse que ontem sonhou que havia ficado menstruada. Você pode imaginar o que isso significa." Eu certamente sabia: se essa jovem senhora sonhara que estava menstruada, isso queria dizer que suas regras não tinham vindo. Bem posso imaginar que ela gostaria de continuar desfrutando um pouco mais sua liberdade, antes de arcar com os problemas da maternidade. Foi uma forma delicada de anunciar sua primeira gravidez.

A esposa do amigo é um exemplo inicial de uma figura-chave no livro dos sonhos de Freud: o sonhador inteligente, dialogando com seu método; a disseminação das teorias freudianas, antes mesmo de sua publicação, tira da obscuridade exemplos úteis. Em termos mais pertinentes, esses são exemplos abalizados, exemplos que estão dentro do espírito da teoria ou que servem para contestá-la. E a dinâmica é peculiar: o marido, normalmente envolvido na primeira gestação de uma esposa, aparece aqui simplesmente como o mensageiro que leva e traz notícias entre sua mulher e Freud. E este toma o sonho como uma comunicação semipública, "uma forma delicada de anunciar sua primeira gravidez", como se ele equivalesse a mandar imprimir e circular um cartão formal. Observe-se que a sonhadora não sonhou com um bebê natimorto, como se a melhor maneira de realizar seu desejo de não estar grávida fosse matar o embrião; ela sonhou com a menstruação, com um restabelecimento da situação anterior. A razão de essa ter sido uma forma inteligente de anunciar a gravidez foi que ela só poderia ter o desejo de menstruar se soubesse que *não* menstruaria: os desejos provêm apenas da falta da coisa desejada (não desejamos aquilo que temos). Combinam-se nesse sonho a *negatividade* fundamental de que brotam os desejos e a negação *positiva*, a realização dessa negatividade, junto com uma função comunicativa do sonho: anunciar a gravidez, antes de mais nada, ao homem que fazia dos sonhos sua preocupação profissional.

É claro que, a essa altura do livro, temos vontade de dizer: esse sonho já está "contaminado" como dado. Essa mulher conhece as teorias de Freud; vai dormir com pleno conhecimento das expectativas derivadas dessa teoria e, em seguida, produz sonhos, obedientemente, de acordo com a fórmula freudiana. A maioria dos sonhos desse Capítulo 3 enquadra-se na categoria do que Freud chama de "*Bequemlichkeitsträume*" — "sonhos de comodidade", ou "sonhos de conveniência" (Strachey). Nesse caso, certamente podemos ampliar o termo "comodidade" para fazê-lo incluir sonhos produzidos para agradar ao dr. Freud. De certo modo, o sonhador satisfaz uma necessidade noturna, como a sede ou o desejo sexual, sonhando com a realização dessa necessidade; no exemplo aqui examinado, a necessidade é agradar ao dr. Freud, ou se certificar de que as teorias dele são corretas.

Se todos os sonhadores tivessem, para alimentar a coleção freudiana de sonhos desejantes, o mesmo entusiasmo da esposa recém-grávida desse amigo, não haveria problemas para confirmar a tese de Freud. Mas nem todos os sonhos são tão habilmente corroborantes nem todos os sonhadores são igualmente crédulos. Os realizadores de desejo, cheios de boa vontade, equiparam-se aos céticos resistentes. Assim, o Capítulo 4, "A distorção nos sonhos", tem nesses sonhadores resistentes sua preocupação central. Mais uma vez, Freud busca esses exemplos em pessoas de seu círculo — o velho amigo dos tempos de escola, agora advogado, que o vira ser o primeiro aluno da turma, ano após ano, e que agora o via apresentar a ousada teoria do sonho como realização de desejo; o sonho relatado por esse amigo, no qual ele perdia todos os seus processos judiciais, foi um modo, concluiu Freud, de vê-lo fracassar por completo, após todos aqueles anos. Nós, em um espírito pós-freudiano, talvez víssemos nesse sonho a exibição de um masoquismo nos moldes de Sansão, que se dispõe a derrubar a própria casa, desde que possa derrotar o inimigo. Aliás, na edição de 1909, Freud reconheceu esse estilo de sonho como algo que não só refutava sua teoria, como também provinha de um "masoquismo 'ideativo'". Para ele, no entanto, esses sonhos "com o oposto do desejo" tinham a ver, principalmente, com as tentativas de refutação de suas teorias sobre o sonho e a psicopatologia.

É esse embate imediato e acirrado do sonhador com Freud que quero destacar. O sonho parece ser a mais solipsística e ensimesmada de todas as nossas experiências psíquicas. Não obstante, assim que Freud expõe sua própria vida interna com o sonho de Irma, no Capítulo 2, e enuncia sua audaciosa tese, suas páginas passam a ser povoadas de sonhadores ávidos de corroborar ou refutar suas teorias. Ele entra numa relação dialética com seus amigos e pacientes e, por extensão, com o leitor. "A rigor, é de esperar que muitos leitores reajam da mesma forma: disponham-se a sacrificar um desejo em um sonho, simplesmente para realizar o desejo de que eu esteja errado."

Dada a isca oferecida por Freud, bem como os calos em que ele deve ter pisado, no círculo dos que lhe eram mais íntimos e mais caros, pelo tratamento implacável que lhes dava em seus sonhos, é adequado que um dos primeiros a reagir ao livro tenha sido seu irmão, Alexander. Em 31 de dezembro de 1899, véspera de ano-novo, Alexander presenteou o irmão mais velho, Sigmund, com um manuscrito intitulado "*A interpretação dos sonhos*, do prof. A. Freud". Trata-se de uma sátira, uma cutucada fraterna, e uma diversão no período de festas. O tom é bastante sério, espelhando o fraseado de Sigmund e apresentando parte do mesmo elenco de personagens que havia povoado os sonhos do irmão e as interpretações que este lhes dera: o conde Thun, um advogado amigo da família, uma amiga chamada Emma, da "melhor sociedade", o dr. Königstein e, como *pièce de résistance*, um sonho de Alexander que culmina em uma conhecida frase em latim — *Mundus vult decipi*, "o mundo quer ser iludido" —, e no qual a lembrança infantil que vem à tona é o apelido de infância do irmão mais velho, Sigmund: "Mundi." O ditado latino pode ser retraduzido, sem grande precisão, por "Sigmund quer ser iludido". Como se iludia em sua teoria dos sonhos, já que a tese de Alexander, provada por seu sonho e pelos de seu círculo, é que "os sonhos só trazem a realização dos desejos que *não se realizam na vida de vigília*".[28] Não fica inteiramente claro exatamente de que modo Alexander contradiz a teoria do irmão, porém a intenção contestadora não deixa dúvidas. E ele com certeza acerta um golpe palpável, ao assinalar as falhas do método psicanalítico que o levaram a tomar "o rumo inverso: primeiro construí a interpretação do sonho, o que tornou os sonhos em si significativamente mais simples e transparentes". E sua melhor piada, como tantas vezes acontece, tem a ver com a escolha do momento: o terceiro sonho que ele analisa, o "sonho de Emma", ocorre "durante a noite de 31/12/1899-1/1/1900". Em outras palavras,

---

[28] O manuscrito de sete páginas foi traduzido e publicado em Lydia Marinelli e Andreas Mayer, *Dreaming by the Book. Freud's The Interpretation of Dreams and the History of the Psychoanalytic Movement*, trad. Susan Fairfield, Nova York, Other Press, 2003, p. 151-8.

a interpretação fornecida no manuscrito entregue na véspera de ano-novo é anterior ao sonho. E o primeiríssimo sonho analisado por Alexander exibe um trocadilho muito "freudiano" entre o título honorífico "HOFRATH" (conselheiro da corte), forma de tratamento usada com os professores universitários, e o neologismo "HOFUNRATH" ("lixo/excremento da corte"). Jogar sal nas feridas é o que se esperaria do irmão de um professor em época de festas, poderíamos refletir, especialmente ao ler um livro em que a ambição de obter esse cargo figura com muito destaque e é posta de lado com grande displicência.

Alexander Freud não foi o primeiro nem seria o último a reagir à tese da realização de desejo à maneira do touro diante do pano vermelho; Sigmund ficou mais do que satisfeito em escancarar esse confronto. Aliás, sua tese audaciosa era feita sob medida para esse fim. A hipótese freudiana da realização do desejo destinava-se a pôr às claras a *relação* que os sonhadores mantinham com... Freud. Há dois aspectos importantes nessa relação dinâmica incentivada por ele. A primeira é aquela com que Freud lida no quarto capítulo do livro. Depois de expor a hipótese da realização de desejo e introduzir confirmações provenientes dos "sonhos de conveniência", dos sonhos infantis e dos sonhos dos que anseiam por sonhar de acordo com as teorias freudianas, Freud se volta para os que se opõem francamente:

> Se eu afirmar neste ponto que o sentido de *todo* sonho é a realização de um desejo, isto é, que não pode haver outros sonhos senão os sonhos desejantes, posso ter a certeza antecipada de que depararei com a mais cate-

górica refutação. (...) No entanto, essas objeções, aparentemente irrefutáveis, não são muito difíceis de superar. Basta observar que nossa teoria não se baseia na consideração do conteúdo manifesto dos sonhos, mas se relaciona com o conteúdo de pensamentos que o trabalho de interpretação revela estar por trás dos sonhos. Façamos uma comparação entre os dois, o *conteúdo manifesto* e o *conteúdo latente* dos sonhos.

Em resumo, a dialética promovida pela teoria freudiana do sonho como realização de desejo se dá entre o manifesto e o latente, entre o sonhador e Freud, entre o sonhador e o intérprete. O sonhador é, por definição, senhor do conteúdo manifesto; seguindo o método freudiano, o intérprete desvenda, sob o conteúdo manifesto, *um outro sentido*, o conteúdo latente, com o qual, afirma Freud nesse ponto, o sonhador antipatiza. A via para chegar a esse conteúdo latente é repleta de barreiras, obstáculos, desvios e pistas falsas. Tanto assim que, como Freud afirmará num ponto posterior do livro, "tudo aquilo que interrompe o progresso do trabalho é uma resistência".[29] Essa resistência é atribuível ao sonhador, embora seja claramente inerente à própria ideia de o sonho ser uma estrutura complexa, produzida por um "trabalho"; a maneira pela qual são superadas as resistências depende do eixo em que o intérprete executa o *seu* trabalho:

---

[29] Tradução minha; a tradução fornecida neste livro [feita por Underwood] é "*Tudo o que interfere nessa tarefa é resistência*". O termo "*Arbeit*" [trabalho], elemento-chave do tema do Capítulo 6, "*Die Traumarbeit*" ("O trabalho do sonho"), é importante, a meu ver. (*N. da T.*)

a tarefa do intérprete é ajudar o sonhador a superar essas resistências. Justamente por essa divisão do trabalho, essa dialética, como a chamo, coloca o intérprete no campo do "latente", fora do conteúdo manifesto e das resistências que impedem o sonhador de ir muito além do manifesto. Há uma força que impede o sonhador de compreender seus próprios sonhos, e o intérprete atesta essa força.

Essa função do intérprete aponta para o segundo aspecto importante da relação dinâmica entre sonhador e intérprete, que a estruturação freudiana da argumentação incita e promove: a transferência. No trabalho psicanalítico posterior de Freud, a transferência se tornou a ideia central em torno da qual foi conceituado o processo terapêutico: o analista e a situação analítica se tornaram o foco de todas as ideias, fantasias, medos e esperanças do analisando, absorvendo em si toda a estrutura e a panóplia sintomática da neurose. Essa estrutura transferencial, afirmou Freud, era a repetição, numa forma cada vez mais mal disfarçada, das relações primárias e das cenas significativas da infância do paciente, em particular do caráter idiossincrático de suas relações com os pais, irmãos e outras figuras centrais da infância. Essa conceituação da transferência está basicamente ausente de *A interpretação dos sonhos*, a não ser por algumas alusões. Não obstante, Freud estava bem cônscio da importância dessas "transferências" no processo terapêutico, já tendo levado ao clímax a sua descrição da terapia, nas últimas páginas dos *Estudos sobre a histeria* (1895), com a seguinte descrição:

(...) esse tipo de transferência não trazia nenhum aumento significativo do esforço. O trabalho da paciente continuou a ser o mesmo, ou seja, superar o afeto penoso, por ela ter sido capaz de alimentar um desejo dessa natureza por um instante que fosse; e pareceu não fazer nenhuma diferença para o êxito do tratamento que ela fizesse desse repúdio psíquico o tema de seu trabalho no contexto histórico ou no contexto recente, ligado a mim. Aos poucos, também os pacientes aprenderam a perceber que essas transferências para a figura do médico eram uma questão de compulsão e uma ilusão que se dissipava com a conclusão da análise.[30]

Essas primeiras observações a respeito da transferência indicam a importância que teve esse fenômeno para a concepção inicial de Freud sobre o processo psicoterápico, e revelam que sua primeira formulação sobre a transferência se referiu a *desejos* transferenciais. Tal estrutura dos desejos transferenciais viria a se transpor para a teoria do sonho. A partir de 1895, não sem desvios e recuos, Freud viria a expor um modelo que dava a primazia ao desejo, tanto no sonho quanto na construção de sintomas neuróticos. Durante um período, esse modelo calcado no desejo ficou em conflito com sua afirmação sobre a etiologia das neuroses, a teoria da sedução — a afirmação de que a condição necessária e suficiente para a produção de sintomas neuróticos na idade adulta era o "choque sexual pré-sexual", ou seja, uma

---

[30] Freud, "On the psychotherapy of hysteria", em Freud e Breuer, *Studies on Hysteria*, trad. Nicola Luckhurst, introdução de Rachel Bowlby, Londres, Penguin, 2004, p. 305 ["A psicoterapia da histeria", *ESB*, vol. III, 2ª ed. rev., trad. Vera Ribeiro, Rio de Janeiro, Imago, 1987].

sedução ou agressão traumática na infância. Mas a teoria da sedução também se traduziria facilmente na linguagem do "desejo" que Freud vinha desenvolvendo. Por que uma agressão sexual na infância causaria neurose na idade adulta? Porque a lembrança da agressão passava a "contaminar" ou a criar um molde para os desejos sexuais posteriores, desejos estes que o sujeito adulto sentia como repulsivos e incompatíveis com seu senso do próprio eu. Portanto, são esses desejos distorcidos, transfigurados pelas lembranças primitivas, que são repudiados e recalcados, gerando defesas contra eles e constituindo o ponto de partida das formações secundárias — fantasias, devaneios, estruturas psíquicas defensivas — que compõem a base dos sintomas neuróticos.

Vemos, portanto, diversas linhas do trabalho de Freud convergirem para esse conceito de "desejo". Tomemos a cena transferencial: uma analisanda relata uma cena em que Freud a agride sexualmente. Ele não a recrimina, não repudia a cena como uma vilificação injustificável de sua reputação médica, nem faz um demorado exame de consciência para saber se teria "induzido [a paciente] a isso", ou se teria falado tanto de sexualidade, que a analisanda estivesse simplesmente atendendo a suas expectativas. Ao contrário, pergunta-lhe quais cenas do passado — inicialmente concebidas como acontecimentos reais, depois como reais ou fantasiadas — teriam servido de modelo para esse "desejo" do presente. Freud pede, antes e acima de tudo, que a paciente venha a reconhecer seus próprios anseios, seus "desejos", por mais que estes lhe pareçam distantes e alheios. A transferência leva ao desejo.

E não é à toa que, num momento crucial de sua argumentação no livro sobre os sonhos, Freud evoca a transferência. Pedindo desculpas ao leitor por ter que entrar em todos os detalhes de sua vida particular, para mostrar que os sonhos têm sentido, ele faz a seguinte solicitação:

E agora devo pedir ao leitor que faça seus os meus interesses por algum tempo e mergulhe comigo nos mais minuciosos detalhes da minha vida, pois esse tipo de transferência é peremptoriamente exigido por nosso interesse pelo sentido oculto dos sonhos.

Esse é o momento do livro em que o leitor passa a se envolver não apenas com os polêmicos argumentos de Freud, mas também com sua complexa vida interior. Por isso, devemos incluir na argumentação "dialética" a "transferência" para o mundo de Freud, que constitui a única via, a "trilha oculta" que leva à verdadeira compreensão dos sonhos.

O sentido "dialético" da realização de desejo tem uma ligação estreita com a inovação fundamental do livro sobre o sonho: a introdução da distinção entre os conteúdos manifesto e latente deste. Grande parte da exposição de Freud sobre a estrutura do sonho decorre dessa distinção, que o leva, no fim do Capítulo 4, a anunciar a versão completa de sua fórmula geral: *O sonho é a realização (disfarçada) de um desejo (suprimido [unterdruckten] ou recalcado)*. Boa parte do restante do livro, em particular o Capítulo 6, que é um livro em si, é dedicada aos principais mecanismos empregados pelo "trabalho do sonho", o processo pelo qual os pensamentos do sonho são convertidos em imagens que chegam à consciência durante o sono; as descrições desses mecanismos — de condensação, deslocamento, simbolismo, consideração à representabilidade — lançam as bases do conhecimento dos processos inconscientes. A distinção entre o "latente" e o "manifesto" é ainda mais asperamente contestada pelos críticos de Freud do que a afirmação de que todo sonho é a realização de um desejo. À luz de minha exposição, é fácil perceber por quê: essa distinção está no cerne da relação dialética que se estabelece com Freud e com a função do intérprete em geral. É essa distinção que abre caminho para a tarefa infindável da interpretação, camada após camada, e para a ameaça ou o medo de que o intérprete exerça um poder incontestável sobre a pessoa cujo sonho é interpretado. O conteúdo latente do sonho abre caminho para os segredos íntimos do sonhador, para a certeza de que ele é o guardião de segredos íntimos, passados, presentes e futuros, dos quais nem ele próprio tem conhecimento. Paul Ricoeur usou a cativante expressão "hermenêutica da suspeita" para descrever o posicionamento freudiano perante o sonho e o sonhador. Proporcionou também um discernimento incisivo de por que a descrição freudiana da natureza humana como fundamentada no desejo caminha de mãos dadas com a necessidade da interpretação: "Como ser do desejo, avanço disfarçado."[31]

Com a distinção entre conteúdo latente e conteúdo manifesto vem a introdução de uma censura interna, que

---

[31] Paul Ricoeur, *Freud and Philosophy. An Essay on Interpretation*, trad. Denis Savage, Nova York, Yale University Press, 1970, p. 7 [*Da interpretação — Ensaio sobre Freud*, trad. Hilton Japiassu, Rio de Janeiro, Imago, 1977].

patrulha as fronteiras entre as partes aceitáveis e as inaceitáveis da mente. Sem os anseios ou desejos proibidos, não haveria necessidade de disfarce, precisamente porque nós, freudianos, sabemos que nossos semelhantes sonhadores desejam aquilo que não querem desejar. Sabemos que eles disfarçam, e que compreender seus sonhos exige uma luta com a censura, uma luta para superar sua má vontade em reconhecer os próprios desejos.

Sem a distinção entre o latente e o manifesto, não há necessidade da interpretação — não há nada a interpretar, nenhuma profundidade abaixo da superfície (e, por conseguinte, nenhuma superfície acima da profundidade). A vida mental humana se torna transparente, por definição. O desdém de Freud pelos filósofos se centrava nesse ponto: ele os acusava de afirmarem uma identidade *a priori* entre o psíquico e o consciente. Afirmar que existe um psiquismo inconsciente, que existe "o latente", assim como "o manifesto", é a única maneira, diz Freud, de estabelecer uma ciência da mente. Porém há muitas outras razões para objetar à distinção entre latente e manifesto; um célebre ensaio de Susan Sontag, "Against interpretation" ["Contra a interpretação"], repudia essa distinção sob a alegação de sua covarde hiperintelectualização do mundo:

> [Para Freud], compreender é interpretar. E interpretar é reafirmar o fenômeno, é, com efeito, encontrar um equivalente dele. (...) Em alguns contextos culturais, a interpretação é um ato libertário. É um meio de rever, transvalorizar, fugir do passado morto. Em outros contextos culturais, ela é reacionária, covarde, sufocante

(...). É a vingança do intelecto contra o mundo. Interpretar é empobrecer, esvaziar o mundo — a fim de instituir um obscuro mundo de "sentidos".

O protesto contra a interpretação é uma defesa da perfeição deste mundo contra a violação do intelecto. Tanto é um protesto contra o posicionamento do intérprete, contra o projeto de dominação do mundo por meio de seus significados, quanto uma recusa da linguagem desses significados (sexualidade, infância, o egoísmo do recalcado).

A inquietação de Sontag com o obscuro mundo dos sentidos é exibida de maneira mais direta e agressiva por um outro grupo de críticos — os que se associam estreitamente ao estudo neurofisiológico do sono e dos sonhos, o qual tentou, a partir do início da década de 1950, "transformar Freud em coisa do passado", invalidando sua teoria dos sonhos. Mediante a descoberta da associação do sono REM a padrões específicos de ondas cerebrais durante o sono, e através de tentativas de mostrar que determinadas partes do cérebro, que têm funções conhecidas e específicas — algumas inteiramente subcognitivas, parte do sistema nervoso autônomo —, ficam em atividade durante o sono REM, enquanto outras se mantêm em repouso absoluto, a sede dos estudos científicos sobre o sonho se deslocou inteiramente das associações e interpretações do sonhador e do analista para o laboratório do sono, no qual o sono de gatos com o cérebro modificado por médicos seria tão informativo quanto as lembranças infantis vagamente percebidas do sonhador humano. O ataque desferido contra Freud por alguns neurocientistas — não todos, mas certamente os que têm um compromisso mais imperialista com seus projetos disciplinares — reconheceu a prática da interpretação do sonho como a mais pura forma de projeto de compreensão da mente humana a ir de encontro às visões neurocientíficas. Se fosse permitida a dimensão da profundidade, a dimensão do pensamento por trás do pensador, não apenas as práticas interpretativas para compreender outros seres humanos seriam permissíveis, como também se revelariam essenciais. Daí os neurocientistas haverem lançado um ataque frontal completo à ideia de que os sonhos têm sentido, e, mais particularmente, à ideia de terem um sentido (latente) oculto, passível de ser descoberto por outra pessoa, em colaboração com o sonhador. Curiosamente, tal sentido oculto implica que o sentido é potencialmente passível de ser compartilhado, que o sonho é, potencialmente, um ato público de revelação e comunicação, ou que pode ser adequadamente transformado nisso. Reconhecer que o sonho é uma forma de linguagem, com sua sintaxe peculiar própria — à qual Freud dedicou tantas páginas complexas de *A interpretação dos sonhos* — representaria uma limitação definitiva para o interesse ou a abrangência da explicação neurofisiológica dos sonhos. Determinar se os sonhos são ou não essa "linguagem" é uma questão empírica, aparentemente confirmada sem qualquer sombra de dúvida pelos milhares de interpretações de sonhos oferecidos e publicados desde Freud. Mas se fosse possível provar que os sonhos não têm profundidade, que são perfeitamente transparentes, como tentou fazer Allan Hobson ao publicar seus próprios sonhos, numa tentativa lastimavelmente empobrecida de competir com Freud, o próprio projeto da interpretação dos sonhos poderia ser legado ao esquecimento.[32] O mesmo se aplica às ambiciosas especulações de Crick e Mitchison[33] de que os sonhos são resultado de um mecanismo de aprendizagem reversa, exigido pelas supostas propriedades do cérebro como um sistema de processamento distribuído paralelamente, e constituem, portanto, apenas os vagos ecos de um "mecanismo de limpeza, destinado a eliminar nós potencialmente parasitários". Tais especulações levam à recomendação de que não se procure rememorar os próprios sonhos, já que esse esforço poderia desfazer os benéficos efeitos de limpeza do sono. Para Crick e Mitchison, não há nenhum sentido oculto no sonho; os sonhos são o esgoto mental, acre e abundante, mas decerto não constituem a via real para o inconsciente.

Interpretar sonhos e contar mentiras

O livro dos sonhos é um manual para a interpretação destes; é a minúcia dessas interpretações que mostra ao leitor como proceder. Mas essa não é nem metade da história. Verdade seja dita, muitos dos sonhos analisados por Freud são tocantes, dão o que pensar, ou são encantadores e reveladores de inépcia ou de situações difíceis. Mas a convicção de que esse projeto de interpretação do sonho vale a pena

---

[32] J. Allan Hobson, *The Dreaming Brain. How the brain creates both the sense and the nonsense of dreams*, Nova York, Basic, 1988, p. 134-222.
[33] Francis Crick e Graeme Mitchison, "The function of dream sleep", *Nature* 304, 14 de julho de 1983, p. 111-4.

provém sobretudo do protagonista central, o próprio Freud. Todos os sonhos mais minuciosamente analisados do livro são dele. Se o nome de Freud se tornou sinônimo de um certo modo de retratar a mente, essa imagem foi inicialmente traçada por suas próprias interpretações de seus sonhos: "o que é indomável e indestrutível na mente humana, o elemento *demoníaco* que fornece o desejo do sonho e que vamos reencontrar no inconsciente."

Desde a publicação do livro dos sonhos, a lógica da exibição e da dissimulação, tal como aplicada a todos os seres humanos e manifesta no caso do próprio Freud, tem preocupado os leitores comuns e os estudiosos, discípulos e adversários. O próprio Freud só reconheceu tempos depois que o livro era um documento fundamentalmente *pessoal*. No Prefácio da segunda edição, escreveu:

> O fato é que, para mim, este livro tem outra importância subjetiva, uma importância que só pude apreender ao terminar de escrevê-lo. Ele se revelou parte de minha própria autoanálise, de minha reação à morte de meu pai — isto é, ao acontecimento mais importante, à perda mais pungente da vida de um homem. Havendo reconhecido isso, senti-me incapaz de apagar os vestígios dessa experiência. Para meus leitores, entretanto, será irrelevante saber em que material específico eles aprenderão a apreciar e a interpretar os sonhos.

Observe-se que há um ritmo reiterado nessa admissão: primeiro Freud reconhece que o livro foi parte de sua autoanálise, como reação à morte de seu pai, depois afirma a verdade universal de que a morte do pai tem esse efeito em *todos os seres humanos*; em segundo lugar, ele admite sua relutância em apagar essa história excessivamente pessoal, e se defende deixando implícito que, nesse livro, é perfeitamente adequado que ele próprio represente o homem comum. A vida de Freud, constata-se, será a vida do homem comum.

Para dar uma ideia de como as análises de Freud sobre seus próprios sonhos inauguram essa maneira inédita e revolucionária de narrar a história de uma vida, considerarei com certa minúcia um desses sonhos: o sonho com o tio de Freud de barba amarela. Como ocorre com todos os sonhos discutidos, há um aspecto didático apresentado por Freud. Esse sonho é introduzido para ilustrar, primeiramente, um processo geral segundo o qual a distorção onírica é "proposital" e constitui "um meio de dissimulação", e, em segundo lugar, um exemplo particular desse processo, no qual o afeto se transforma em seu oposto.[34] Num ponto posterior do livro, Freud retorna a esse sonho, insatisfeito com a descrição feita anteriormente, para demonstrar a ligação entre os sonhos e os desejos infantis e para abordar mais diretamente a afeição deslocada que sentiu no sonho por um tio a quem mal conhecia.

Os antecedentes do sonho consistem em Freud ter recebido de seus superiores a honraria de ser indicado para o cargo de professor adjunto na Universidade de Viena.[35] No

---

[34] Didier Anzieu, *Freud's Self-Analysis*, p. 214 [*A autoanálise de Freud...*, *op. cit.*].

[35] "Professor adjunto" me parece ser a melhor tradução para *professor extraordinarius*, cargo que tinha *status* igual ao do professor titular, porém

dia anterior ao sonho, R., um amigo de Freud cujo nome também fora proposto ao ministro, contou-lhe a história de um encontro recente com este último, no qual o havia pressionado a revelar se sua candidatura professoral estaria sendo barrada por considerações religiosas — uma denominação polida para o antissemitismo. "A resposta fora que, em vista do atual estado de coisas, sem dúvida era verdade que, no momento, Sua Excelência não estava em condições etc. etc. 'Pelo menos, agora sei em que posição estou', concluíra meu amigo. Isso não foi novidade para mim, mas era fatal que reforçasse minha resignação." Nessa noite, Freud teve um sonho curto e bastante singelo:[36]

I. *Meu amigo R. era meu tio. — Eu tinha por ele um grande sentimento de afeição.*
II. *Vi seu rosto diante de mim, meio modificado. Era como se tivesse sido repuxado no sentido do comprimento. A barba amarela que o circundava se destacava de maneira especialmente nítida.*

---

sem remuneração pela universidade. O *professor extraordinarius* não era um empregado da instituição, mas alguém ligado a ela. Tendo sido nomeado *privat Dozent* (não remunerado) da universidade em 1886, Freud já tinha o direito de dar aulas, pelas quais seus alunos pagavam uma taxa, e já o fazia desde 1886, quando lecionou para cinco estudantes sobre a Anatomia da Medula Espinhal e da *Medulla oblongata*; a nomeação como *professor extraordinarius* não alteraria sua situação — não havia deveres ligados ao cargo —, mas seria um sinal de reconhecimento e prestígio e, com isso, também ajudaria a atrair pacientes.

[36] Esse sonho foi seguido por outro de estrutura similar — um pensamento seguido por uma imagem —, que Freud resolveu não incluir no livro.

A reação de Freud ao sonho, ao recordá-lo no dia seguinte, diz-nos muito sobre a relação "dialética" do sonhador com seus próprios sonhos: "Dei uma risada e disse: 'Esse sonho é um absurdo!' Mas ele se recusou a ir embora e me seguiu o dia inteiro, até que finalmente, à noite, comecei a me repreender: 'Se um de seus pacientes, ao interpretar um sonho, não encontrasse nada melhor para dizer senão que o sonho era um absurdo, você o questionaria e suspeitaria da existência de alguma história desagradável por trás do sonho, uma história da qual ele estivesse evitando conscientizar-se. Pois trate a si mesmo de igual maneira.'" Nesse ponto, Freud já tinha enveredado pelo caminho tão bem captado por um poeta muito freudiano, W.H. Auden:

Ligados a nós mesmos pela vida afora,
temos de aprender a
conviver um com o outro [37]

Em vez de ser o sonhador obediente, ansioso por corroborar suas teorias, Freud se descobre na posição do sonhador cético. E se empenha no trabalho de superar sua resistência. Por se tratar de um sonho curto — uma ideia seguida por uma imagem —, ele não segue com muito rigor o método da associação livre: não faz "associações" com cada um dos elementos, um por um. Parte da ideia de R. como seu tio. O rosto é o do tio Josef, que se envolvera num esquema fraudulento para ganhar dinheiro — literalmente, para fazê-lo,

---

[37] W.H. Auden, *Collected Poems*, org. Edward Mendelson, Londres, Faber & Faber, 1991, p. 885.

já que estudos recentes mostraram ter se tratado de um crime de falsificação de rublos — e fora preso pelas autoridades. "Meu pai, cujos cabelos se embranqueceram de tristeza em poucos dias, sempre dizia que o tio Josef não era má pessoa, mas certamente fora um idiota [*Schwachkopf*]; essas eram suas palavras." O sonho parecia dizer: meu amigo R. é um idiota. Foi essa a conclusão que Freud julgou profundamente embaraçosa; o restante de seu exame do sonho é uma tentativa de entender isso, como se ele quisesse desfazer o constrangimento com uma explicação: por que tivera um sonho tão pouco lisonjeiro a respeito do amigo dileto?

Observe-se que essa pergunta pressupõe que os sonhos sejam levados a sério como atos psíquicos, como parte do mundo interno. Freud já havia descartado a atitude do "é apenas um sonho". Não havia "apenas" em sua versão da vida psíquica. Assim, ele passa a examinar uma outra associação: seu amigo R. também tinha uma ficha criminal, já que uma vez fora multado por ter derrubado um menino com sua bicicleta. Essa comparação também era uma forma indigna de tratar o amigo — "isso seria levar a comparação a extremos ridículos". Freud se recorda então de uma conversa que tivera na véspera com N., outro colega, esse mais pessimista, cujo dossiê também se encontrava na mesa do ministro:

"Você não se lembra de que certa vez uma mulher moveu um processo judicial contra mim? Nem preciso dizer que o caso foi arquivado. Fora uma tentativa ignominiosa de chantagem, e tive enorme dificuldade para evitar que a própria acusadora fosse punida. Mas é possível que estejam usando isso no ministério contra mim, como desculpa para não me nomearem." Isso me disse quem era o criminoso e, ao mesmo tempo, mostrou-me como o sonho devia ser interpretado e qual era a sua finalidade. Nele, meu tio Josef representava meus dois colegas não nomeados para o cargo de professor — um como idiota, o outro como criminoso.

A lógica do sonho fica clara: o desejo oculto do sonho era o de ser nomeado professor. No intuito de abrir caminho para esse desejo, Freud precisava retratar o ministro, em uma Viena onírica alternativa, como um homem inteiramente isento de antissemitismo, e para isso seu sonho afirmou: "Meus dois colegas não estão sendo barrados por serem judeus, mas um por ser idiota, o outro por ser criminoso."

O método freudiano de interpretação do sonho, tal como suas investigações sobre a etiologia dos sintomas neuróticos, procura cenas descritas com vivacidade, humor, ironia, *páthos* e hábil inteligência: a cena da conversa com R. na véspera do sonho; a conversa com N. dias antes, com sua vívida imagem de N. imprensando o ministro e da resposta diplomática que, sem dizer nada, tudo revelava; e a cena da infância de Freud em que seu tio Josef fora preso. Todas são cenas transparentes e claras, mas têm em si meandros que pediriam comentários adicionais, não necessariamente fornecidos por Freud.[38] O que intriga Freud, apesar de ele ha-

---

[38] Do mesmo modo que o sonho com a injeção de Irma evocou implicitamente os desejos sexuais de Freud por suas pacientes, sem que ele abordasse de maneira alguma o desejo sexual subjacente ao sonho. Ver Lisa Appignanesi e John Forrester, *Freud's Women*, 3ª ed., Londres, Orion, 2005, p. 120-45.

ver compreendido o sonho, apesar de ter descoberto o desejo que este realizava — seu desejo de se tornar professor, seu desejo de que o antissemitismo desaparecesse —, é a terna afeição que ele nutre por R. no sonho, uma afeição "artificial e exagerada". É essa afeição que Freud então afirma ser o veículo principal da resistência — sua dispensa do sonho como absurdo, sua relutância em interpretá-lo:

Eu não queria interpretá-lo porque a interpretação encerrava algo que eu estava combatendo. Quando concluí a interpretação, entendi contra o que estivera lutando: a afirmação de que R. era um idiota. A afeição que eu sentia por R. não podia provir dos pensamentos latentes do sonho, mas se originara, sem dúvida, nessa resistência minha. Se meu sonho estava distorcido nesse aspecto, em relação a seu conteúdo latente — e distorcido em seu inverso —, a afeição manifestada no sonho havia atendido a essa distorção. Em outras palavras, a *distorção*, nesse caso, mostrou ser intencional e constituir um instrumento de *dissimulação*.

É nesse ponto do livro que Freud introduz a ideia fundamental de que a distorção nos sonhos, que dificulta seu entendimento e por isso requer o trabalho da interpretação, é uma distorção dotada de um *motivo*: existe um agente, a censura, que distorce propositadamente.

Mas Freud ainda não se dá por satisfeito com sua explicação do sonho; como um paciente em resistência profunda, ele recusa obstinadamente um outro elemento da análise: a descoberta do desejo extremamente intenso do cargo de professor, o que sugere "uma ambição patológica que eu não reconhecia em mim mesmo e que acreditava ser-me estranha". Assim, ele se empenha novamente em trabalhar com esse sonho, descobrindo então as fontes infantis da ambição patológica. Descarta sua primeira associação — a de que a velha camponesa que dissera à sua mãe, quando de seu nascimento, que ela havia trazido ao mundo um grande homem pudesse ser a fonte dessa ambição: "existem inúmeras mães cheias de expectativas felizes, e inúmeras camponesas e outras senhoras do gênero, que compensam a perda de seu poder de controle sobre as coisas do mundo atual, concentrando-se no futuro." Em seguida, porém, Freud se volta para uma segunda profecia, de quando ele contava 11 ou 12 anos, na qual, durante uma ida da família ao Prater, o parque de diversões de Viena, um poeta que ia de mesa em mesa havia profetizado que um dia Freud seria ministro do governo:

Era a época do *Burgerministerium* [o "ministério dos cidadãos"]. Pouco tempo antes, meu pai levara para casa fotografias desses profissionais da classe média — Herbst, Giskra, Unger, Berger e os demais — e nós a iluminamos toda em homenagem a eles. Alguns até eram judeus, de modo que, a partir de então, todo estudante judeu aplicado levava uma pasta de ministro do Gabinete em sua sacola escolar. Os eventos daquele período sem dúvida tiveram algo a ver com o fato de, até pouco antes de eu ingressar na universidade, minha intenção ter sido a de cursar direito, e só no último momento é que eu havia mudado de ideia. A carreira ministerial, como se sabe, é vedada aos médicos. E agora, meu sonho! Pela primeira vez notei que ele me reconduzira do presente melancólico aos anos otimistas do *Burgerministerium* e fizera tudo para realizar o que tinha sido o meu desejo na época. Ao maltratar meus dois estimados e doutos colegas por serem judeus, tratando um como se fosse um idiota, o outro como se fosse um criminoso, eu me comportara como se fosse o ministro, colocando-me no lugar de ministro. Que vingança radical de Sua Excelência! Ele se recusara a me nomear *professor extraordinarius* e eu me desforrara no sonho, tomando seu lugar!

Vejamos outra cena, a da profecia no Prater, da qual poderia derivar a ambição patológica de Freud — a de ser ministro, como se viu, e um ministro dotado do poder de fazer e destruir professores. No entanto, inserida na narrativa dessa cena da profecia estão outras duas: primeiro a do menino Freud, arrebatado pela celebração paterna da realização não buscada de seus sonhos políticos, decidindo naquele momento, diante da fileira de retratos de políticos bem-sucedidos da classe média, iluminados por velas, tornar-se advogado. E a segunda, aos 17 anos, em outubro de 1873, quando ele se matriculou na universidade, não como estudante de direito, mas de medicina. Portanto, esse relato da ambição temporária de Freud de se tornar ministro revela, para quem tem olhos para ver, sua adoção e seu descarte posterior dos ideais políticos do pai. Entremeadas em sua vingança contra o ministro estão suas relações mutáveis com o pai: aos 11 anos, ele adotara o ideal do estadista judeu profissional, mas apenas para descartá-lo aos 17, quando escolheu como seu caminho o amor à natureza e à verdade, em vez do poder.[39] Poderíamos dizer que, inserido nessa história da ambição aberrante de ser ministro, está o prenúncio de muitas escolhas posteriores de Freud: aos 17 anos, ele escolheu o erotismo da natureza em lugar dos da justiça e do poder; aos 26, ao se apaixonar por sua noiva, escolheu o amor, em vez da trilha ascética da pesquisa acadêmica. Na elaboração de sua teoria das pulsões, sobretudo em contraste com Adler e Jung, Freud sempre colocaria o sexo — Eros — à frente da alternativa nietzschiana do poder.

A cena do pai de Freud decorando a casa da família com retratos de políticos admirados não é a única cena paterna do sonho. A análise de Freud se havia iniciado com outra: "Meu pai, cujos cabelos se embranqueceram de tristeza em poucos dias, sempre dizia que o tio Josef não era má pessoa, mas certamente fora um idiota [*Schwachkopf*]; essas

---

[39] Em "Um estudo autobiográfico" (1925), Freud escreveu: "Sob a poderosa influência de uma amizade escolar com um menino bem mais velho, que depois se tornou um político famoso, desenvolvi o desejo de cursar direito, tal como ele, e de me dedicar a atividades sociais. Ao mesmo tempo, as teorias de Darwin, então em grande voga, exerceram forte atração sobre mim, pois traziam a esperança de avanços extraordinários em nossa compreensão do mundo; e foi ao ouvir o belo ensaio de Goethe sobre a natureza, lido em voz alta em uma palestra popular pelo professor Carl Bruhl, pouco antes de concluir o secundário, que resolvi estudar medicina." (S.E. 20, p. 8 [*ESB*, vol. XX, 1ª ed., Rio de Janeiro, Imago, 1975].)

eram suas palavras." O julgamento do tio Josef ocorreu em fevereiro de 1866, quando Freud tinha quase 10 anos; a Guerra Austro-Prussiana do verão de 1866 foi seguida por momentosas mudanças constitucionais que levaram o *Burgerministerium* ao poder, em dezembro de 1867, e os debates sobre reformas educacionais que deram direitos civis iguais aos não católicos ocorreram em maio de 1868. Portanto, quando Freud recorda que "todo estudante judeu aplicado levava uma pasta de ministro do Gabinete em sua sacola escolar", podemos reconhecer que o caminho do direito, que levava ao governo, talvez fosse ainda mais convidativo para um menino cujo tio acabara de ser condenado a dez anos de prisão.

A imagem efetiva do sonho é a do tio de barba amarela. Essa imagem perde importância progressivamente com o avanço da análise, reconduzindo Freud a outras lembranças. Mas há muitas coisas condensadas nela:

Mas havia o rosto que eu via no sonho, com suas feições alongadas e a barba amarela. Meu tio, de fato, tinha um rosto como aquele, alongado e emoldurado por uma bela barba loura. Meu amigo R. tivera, a princípio, o cabelo muito escuro, mas, quando os homens de cabelos pretos começam a ficar grisalhos, pagam um tributo pelo esplendor da juventude. Fio a fio, sua barba negra começa a passar por uma desagradável mudança de cor, primeiro para um castanho-avermelhado, depois para um castanho-amarelado, e só então para um grisalho definitivo. A barba de meu amigo R., nesse momento, estava passando por esse estágio — e, por coincidência, a minha também, como tive a insatisfação de observar. O rosto que vi no sonho era, ao mesmo tempo, o de meu amigo R. e o de meu tio. Era como uma daquelas fotografias compostas de Galton, que, para ressaltar as semelhanças familiares, costumava fotografar vários rostos na mesma chapa. Assim, não há dúvida de que eu realmente queria dizer que meu amigo R. era um idiota — como o tio Josef.

Portanto, temos aí condensados diversos rostos: o do tio Josef com sua bela barba, o de R., com a barba passando do negro para o castanho-amarelado, e o do próprio Freud, então infelizmente sofrendo a mesma transformação, mas não tão depressa quanto seu pai, que ficara grisalho em poucos dias — uma transformação notável para ser testemunhada por um menino de 9 anos, diríamos. Contrastando com esses sinais lamentáveis de declínio e decadência, temos a série de retratos dos ministros da classe média, um panteão admirado pela família Freud. Todos condensados em um só rosto. Aí, mais uma vez, Freud mostra os mecanismos gerais de que se compõem as imagens oníricas. Ao fazê-lo, entretanto, exibe-nos um verdadeiro retrato de família.

O sonho com o tio de barba amarela introduziu vários elementos novos no desenrolar da argumentação do livro. Para começar, situou Freud como judeu na complexa política profissional de Viena; aliás, pouquíssimos sonhos do livro o fazem, e esse talvez seja o mais direto. Freud denominou-se judeu no curso da análise deste. Em segundo lugar, e talvez relacionado com isso, esse foi o primeiro sonho de Freud a revelar a importância das experiências infantis para a interpretação dos sonhos.[40] Mas não se trata de experiências infantis quaisquer: são lembranças do pai dele, cuja afirmação de que "o tio Josef não era má pessoa, mas certamente fora um idiota" deu aos pensamentos do sonho, tal como expressos neste, seu referencial, e cuja admiração pelo *Burgerministerium* contagiara Freud, em meio ao entusiasmo político geral de 1868, com a duradoura ambição infantil de cursar direito e se tornar ministro do Gabinete. O anseio realizado no sonho parece ter sido o desejo de Freud de se tornar professor, e o sonho atingiu esse objetivo demonstrando que qualquer oposição ministerial a essa nomeação proviria não de seu judaísmo, porém do fato cruel de seus amigos malsucedidos serem criminosos, idiotas, ou ambas as coisas.

Poderíamos especular que um desejo mais profundo de Freud seria o de não ser judeu, mas, para realizar esse

---

[40] Na primeira edição de *Die Traumdeutung*, as páginas da direita exibiam cabeçalhos que se modificavam não apenas a cada capítulo ou seção, mas a cada página; tratava-se de um traço inusitado nas publicações da época em língua alemã, e esses cabeçalhos foram acrescentados por Freud. Na discussão inicial do "sonho com o tio de barba amarela", os cabeçalhos eram "Der Onkeltraum" ["O sonho com o tio"] (p. 95), "Die Deutung des Onkeltraumes" ["O sentido do sonho com o tio"] (p. 97) e "Die psychische Censur" ["A censura psíquica"] (p. 99); ao ser retomada a interpretação, o cabeçalho era "Das infantile Moment zum Onkel traum" ["O momento infantil do sonho com o tio"] (p. 131). Na edição da *Gesammelte Werke* [obra completa], preparada após a morte de Freud, na qual foram mantidos alguns desses cabeçalhos, este último foi trocado por "Der infantile Ehrgeiz im Onkeltraum" ["A ambição infantil no sonho com o tio"] (GW II/III p. 199).

desejo, ele precisaria ter tido outro pai. O "momento infantil" altera completamente a compreensão do sonho: mediante o relato da empolgação política da família Freud nos tempos animadores da reforma liberal, no fim da década de 1860, Freud revela uma versão inteiramente nova de si mesmo: o jovem político ambicioso, determinado a se tornar ministro e, com isso, dar alegria e orgulho ao pai. É essa ambição, a ambição *paterna*, que o coloca na posição de ministro, decidindo quem é criminoso, quem é idiota e quem, obviamente, é totalmente merecedor do cargo de professor, sendo ou não judeu. Ao se *identificar* com o ministro, Freud aponta o lugar ocupado em seu universo psíquico pelos ideais de seu pai — uma ambição política Essa revelação é atingida em um texto magistral, no qual o leitor começa por uma vaga ideia do poder arbitrário e distante do ministro, que submete o círculo freudiano a forças políticas e preconceitos mal definidos, e depois descobre que a viagem pela infância de Freud o levou a uma dominação triunfal, tornando-se ministro.

A análise do sonho se conforma ao protótipo clássico da estrutura psíquica, tal como elaborada por Freud durante a década de 1890, agora percebida com extrema clareza na estrutura do sonho: acontecimentos recentes (resíduos diurnos, elementos transferenciais) se ligam a lembranças do passado, inclusive a "fantasias ou lembranças encobridoras" temporárias — ou, quem sabe, mais permanentes (nesse caso, a profecia de que Freud seria um "grande homem", feita em seu nascimento). Mas a estrutura não se conforma à cronologia convencional da vida humana: não há um começo no começo, nem tampouco um clímax da narrativa e um fim. O passado de Freud não é um passado glorioso a ser celebrado nem um passado sem consequências. Decerto não é um passado que contenha as sementes do presente, muito menos o futuro; e o presente não é tão premente em sua evocação do passado a ponto de anular sua diferença incontestável.

Não é o simples saber em quem Freud se transformou que nos incita a ver a questão do pai confrontada nesse sonho. Para começar, temos o rosto do irmão barbudo do pai, a imagem nítida do sonho; ficamos sabendo que — em algum tipo de ligação com o sonho — os cabelos do pai embranqueceram da noite para o dia, pela tristeza com a estupidez do tio. E sabemos que Freud chegou à idade em que seu cabelo está ficando grisalho. No sonho, ele vê um pálido reflexo de si mesmo. Portanto, a imagem onírica aponta para uma experiência mais insólita: parar diante de um espelho e fitar no reflexo o rosto do pai. Freud não enuncia essas implicações, não exatamente, mas elas ficam à espreita, como notas ressoantes, como se o sonho fosse uma caixa de ressonância. A outra lembrança infantil é igualmente carregada de afeto: os retratos dos políticos heroicos do pai, cada qual com uma barba portentosa, sem dúvida, iluminados por velas, inflamando no menino Freud um entusiasmo mal compreendido — o entusiasmo paterno, transmitido no vigoroso ato de homenagem, de que ele se tornasse advogado, estadista, um judeu no poder. O sonho religa o Freud da maturidade a seu entusiasmo juvenil e, portanto, ao entusiasmo de seu pai; mais uma vez, ele sente o desejo imperioso de ser um judeu no poder, um ministro capaz de conceder honrarias e riqueza, e o sonho encena isso como uma realidade — ele é o ministro! Freud levou uma vida alternativa, não a do médico judeu batalhador, atormentado pelos preconceitos, mas uma vida que seu pai recém-falecido o admiraria por levar, talvez até o invejasse por levar. No entanto, a própria realidade do sonho — predicada não no fato de Freud ser um ministro poderoso, mas um pesquisador de verdades científicas à mercê de forças políticas e culturais fora do seu controle — mostra também que ele se afastou dos ideais paternos. Seu desejo de se vingar do ministro, transformando-se nele, é apenas um eco dos ideais do pai, que um dia foram os seus, mas dos quais ele abriu mão faz muito tempo.

Além de seu lugar crucial no livro sobre o sonho, inaugurando a mais importante distinção conceitual que Freud viria a fazer — entre os conteúdos latente e manifesto —, e de sua função de esclarecer o modo como os afetos nos sonhos também ficam à mercê de processos de distorção e disfarce, o sonho do tio de barba amarela aponta para dois grandes temas freudianos posteriores: a relação conflituosa fundamental que o homem tem com o pai (um eixo essencial do complexo de Édipo) e a concepção caracteristicamente psicanalítica da relação entre passado, presente e futuro. Os resíduos diurnos são saturados de referências ao passado; o conflito no presente desperta lembranças da infância e dos desejos que as sustentaram, "fazendo lembrar os lendários Titãs, esmagados desde tempos imemoriais pelo peso maciço das montanhas que um dia foram arremessadas sobre eles pelos deuses vitoriosos, e que ainda são abalados, de tempos em tempos, pela convulsão de seus membros". Poderíamos redescrever o tema do sonho como "o lugar do pai no desenvolvimento do sujeito", mas isso equivaleria a anular as implicações revolucionárias do modo como o passado e o presente se ligam no desdobrar do sonho: o passado é despertado por sua ligação com o presente, e o presente ganha vida por sua ligação com o passado. A análise freudiana dos sonhos evita por completo a narrativa cronológica convencional, em favor de uma relação permanentemente dinâmica entre passado, presente e futuro — passado e futuro estão sempre integrados, ora latentes, ora angustiantes, ora ainda sedutores, à própria ideia de "realização" (futura) do desejo (pré-histórico). Como observou Philip Rieff: "Destroçando o passado e negando qualquer futuro significativo, mas, ainda assim, deixando essa questão razoavelmente em aberto, Freud se concentrou inteiramente no presente. A posteridade o reverenciará como o primeiro profeta de um tempo que é simplesmente o de cada homem."[41] Freud encerrou o livro exatamente com essa formulação: "Ao nos mostrar um desejo como realizado, o sonho decerto nos transporta para o futuro; mas esse futuro, que o sonhador representa como presente, é moldado por seu desejo indestrutível, à imagem e semelhança do passado."

A realização mais importante do modo pelo qual Freud narra uma vida nos sonhos, a sua própria vida, consiste em ele haver fornecido um exemplo, um modelo para se extrair do caráter corriqueiro do cotidiano uma vida extraordinária. O heroico e o bestial são simultaneamente despojados de sua magia e transformados em propriedade de todos; cada um de nós, seguindo nossos sonhos como fez Freud, pode descobrir a "excitação de uma vida inteiramente inte-

---

[41] Philip Rieff, *Freud: The mind of the moralist*, Chicago, University of Chicago Press, 1979, Prefácio à primeira edição (1959), p. x-xi.

ressante".[42] Freud pressagia a possibilidade de uma democracia da vida interior, a se seguir às democracias do voto e da educação. Decorridos sessenta anos, o mais freudiano dos comediantes viria a abrir sua apresentação em uma boate com um anúncio espetacular — e clarividente: "Aconteceu uma porção de coisas importantes na minha vida particular que achei que poderíamos discutir."[43] Todos temos uma vida interior, bem como o direito, embora nem sempre a audácia, de compartilhá-la com o primeiro que aparecer, exatamente como Freud declarou, no livro sobre os sonhos, que ia servir-se de "[seus] próprios sonhos, que oferecem um material abundante e conveniente, oriundo de uma pessoa aproximadamente normal e relacionado com múltiplas circunstâncias da vida cotidiana". Esse processo de análise, conduzido com um intérprete — até Freud teve o seu Fliess, e sabia que a autoanálise era impossível —, inaugurou uma outra forma de conversa, além da arte, além da amizade, além da comunhão e da comunidade:

> Deste-me um ideal
> De conversa — inteiramente sobre mim,
> Mas incluindo quase todas as outras coisas
> do mundo.
> Mas não era poesia, era outra coisa.[44]

---

[42] Rieff, *Freud: the mind of the moralist*, p. 304.

[43] Woody Allen, *Standup Comic* (gravado em Chicago, 1964), CD, Rhino 75721.

[44] Kenneth Koch, "To Psychoanalysis", in *New Addresses*, Nova York, Knopf, 2000.

O que é exatamente essa "outra coisa" que Freud inventou e promulgou — uma ciência do singular, uma arte do dia a dia para todos, uma busca moral além de qualquer obrigação, esperança ou promessa, vivendo exclusivamente de acordo com o que parece ser a regra meramente técnica da honestidade — ainda não está resolvido. Ainda não sabemos se convém classificar esse seu livro juntamente com *Sobre a origem das espécies* e a *Óptica*, com as *Confissões* e *Assim falou Zaratustra*, com *Em busca do tempo perdido* e *Finnegan's Wake*.* Onde quer que ele se enquadre, também terá de ser reconhecido como um Baedeker do psiquismo, um personalíssimo guia de viagem por um país não descoberto, que é o do próprio Freud.

O livro como colagem

A interpretação dos sonhos foi o único livro que Freud continuou a revisar e atualizar, alterando consideravelmente sua estrutura. A edição de 1930 deve ter sido a última palavra do autor sobre sua obra-prima, porém, àquela altura, ela era claramente uma colagem de revisões e desdobramentos posteriores à primeira edição, de trinta anos antes. O livro já tinha um pouco dessa estrutura de colcha de retalhos na primeira edição, e esse aspecto só fez tornar-se mais destacado à medida que Freud foi acrescentando material, quer sob a forma de novos exemplos — vindos so-

---

* As obras citadas são, respectivamente, de Darwin, Newton, Santo Agostinho, Nietzsche, Proust e Joyce. (*N. da T.*)

bretudo de seu grupo crescente de colegas psicanalistas —, quer, em particular, sob a forma de seções substanciais de Otto Rank e a respeito do trabalho de Herbert Silberer, e ainda uma parte inteiramente reelaborada e imensamente ampliada sobre o simbolismo no sonho, sob a influência de Wilhelm Stekel, Carl Jung e outros.[45]

Sua primeira tradução, feita com base na terceira edição pelo austro-americano A.A. Brill in 1913 (com a ajuda, entre outros, do jovem jornalista liberal Walter Lippmann), contribuiu muito para disseminar as ideias freudianas no mundo de língua inglesa e para familiarizar o leitor comum, bem como os médicos e o clero, com o método psicanalítico. A partir da década de 1950, o livro se tornou mais conhecido na edição quase *variorum* preparada por James Strachey para a *Standard Edition of the Complete Psychological Works of Sigmund Freud*, que foi adaptada para a *Pelican Freud Library* da década de 1970 e, posteriormente, para a *Penguin Freud Library* dos anos 1980. A edição de Strachey, com suas anotações e com a assinalação criteriosa de quando foram acrescentadas, alteradas ou retiradas algumas passagens, é indispensável para o estudo detalhado do livro. Além disso, publicou-se em 2000 uma nova tradução, feita por Joyce Crick, da primeira edição de *Die Traumdeutung*,

---

[45] Sobre essas revisões e a maneira como, em consequência delas, o livro dos sonhos tornou-se uma espécie de "escritório central" do trabalho psicanalítico coletivo sobre o sonho, ver Marinelli e Mayer; quanto à influência de Jung, ver, em particular, John Forrester, *Language and the Origins of Psychoanalysis*, Londres, Macmillan, 1980, Capítulo 3 [*A linguagem e as origens da psicanálise*, trad. E. Pavaneli Moura, Rio de Janeiro, Imago, 1983].

lançada pela Oxford World's Classics. Mas a versão aqui apresentada é a única tradução para o inglês da última edição preparada por Freud durante sua vida — a oitava edição, de 1930. Este é o livro tal como ele o deixou, agora em uma tradução ousada e inteiramente nova.

CRONOLOGIA DE SIGMUND FREUD*

1856: Sigmund Freud nasce em Freiberg, antiga Morávia (hoje na República Tcheca), em 6 de maio.
1860: A família Freud se estabelece em Viena.
1865: Ingressa no *Leopoldstädter Gymnasium*.
1873: Ingressa na faculdade de medicina, em Viena.
1877: Inicia pesquisas em neurologia e fisiologia. Primeiras publicações (sobre os caracteres sexuais das enguias).
1881: Recebe o título de doutor em medicina.
1882: Noivado com Martha Bernays.
1882-5: Residência médica no Hospital Geral de Viena.
1885-6: De outubro de 1885 a março de 1886, passa uma temporada em Paris, estagiando com Charcot no hospital Salpêtrière, período em que começa a se interessar pelas neuroses.
1884-7: Dedica-se a estudos sobre as propriedades clínicas da cocaína, envolve-se em polêmicas a respeito dos efeitos da droga.
1886: Casa-se com Martha Bernays, que se tornará mãe de seus seis filhos.
1886-90: Exerce a medicina como especialista em "doenças nervosas".

---

* Os títulos assinalados em negrito marcam os livros que integram a coleção Para Ler Freud

1892-5: Realiza as primeiras pesquisas sobre a sexualidade e as neuroses; mantém intensa correspondência com o otorrinolaringologista Wilhelm Fliess.

1895: Publica os *Estudos sobre a histeria* e redige **Projeto de psicologia para neurólogos**, que só será publicado cerca de cinquenta anos depois.

1896: Em 23 de outubro, falece seu pai, Jakob Freud, aos oitenta anos de idade.

1897-9: Autoanálise sistemática; redação de **Interpretação dos sonhos**.

1899: Em 15 de novembro, publicação de *Interpretação dos sonhos*, com data de 1900.

1901: Em setembro, primeira viagem a Roma.

1902: Fundação da Sociedade Psicológica das Quartas-Feiras (que em 1908 será rebatizada de Sociedade Psicanalítica de Viena). Nomeado professor titular em caráter extraordinário da Universidade de Viena; rompimento com W. Fliess.

1903: Paul Federn e Wilhelm Stekel começam a praticar a psicanálise.

1904: **Psicopatologia da vida cotidiana** é publicada em forma de livro.

1905: Publica *Três ensaios sobre a teoria da sexualidade*, *O caso Dora*, *O chiste e sua relação com o inconsciente*. Edward Hitschmann, Ernest Jones e August Stärcke começam a praticar a psicanálise.

1906: C. G. Jung inicia a correspondência com Freud.

1907-8: Conhece Max Eitingon, Jung, Karl Abraham, Sándor Ferenczi, Ernest Jones e Otto Rank.

1907: Jung funda a Sociedade Freud, em Zurique.

1908: Primeiro Congresso Psicanalítico Internacional (Salzburgo). Freud destrói sua correspondência. Karl Abraham funda a Sociedade de Berlim.

1909: Viagem aos Estados Unidos, para a realização de conferências na Clark University. Lá encontra Stanley Hall, William James e J. J. Putman. Publica os casos clínicos *O homem dos ratos* e **O pequeno Hans**.

1910: Congresso de Nurembergue. Fundação da Associação Psicanalítica Internacional. Em maio, Freud é designado membro honorário da Associação Psicopatológica Americana. Em outubro, funda o *Zentralblatt fur Psychoanalyse*.

1911: Em fevereiro, A. A. Brill funda a Sociedade de Nova York. Em maio, Ernest Jones funda a Associação Psicanalítica Americana. Em junho, Alfred Adler se afasta da Sociedade de Viena. Em setembro, realização do Congresso de Weimar.

1912: Em janeiro, Freud funda a revista *Imago*. Em outubro, Wilhelm Stekel se afasta da Sociedade de Viena.

1912-14: Redige e publica vários artigos sobre técnica psicanalítica.

1913: Publica **Totem e tabu**.

1913: Em janeiro, Freud funda a *Zeitschrift fur Psychoanalyse*. Em maio, Sándor Ferenczi funda a Sociedade de Budapeste. Em setembro, Congresso de Munique. Em outubro, Jung corta relações com Freud. Ernest Jones funda a Sociedade de Londres.

1914: Publica **Introdução ao narcisismo**, *História do movimento psicanalítico* e redige o caso clínico *O* *homem dos lobos*. Em abril, Jung renuncia à presidência da Associação Internacional. Em agosto, Jung deixa de ser membro da Associação Internacional.

1915: Escreve o conjunto de artigos da chamada metapsicologia, nos quais se incluem **As pulsões e seus destinos**, **Luto e melancolia** (publicado em 1917) e **O inconsciente**.

1916-7: Publicação de *Conferências de introdução à psicanálise*, últimas pronunciadas na Universidade de Viena.

1917: Georg Grodeck ingressa no movimento psicanalítico.

1918: Em setembro, Congresso de Budapeste.

1920: Publica **Além do princípio do prazer**, em que introduz os conceitos de "pulsão de morte" e "compulsão à repetição"; início do reconhecimento mundial.

1921: Publica *Psicologia das massas e análise do ego*.

1922: Congresso em Berlim.

1923: Publica *O ego e o id*; descoberta de um câncer na mandíbula e primeira das inúmeras operações que sofreu até 1939.

1924: Rank e Ferenczi manifestam divergências em relação à técnica analítica.

1925: Publica *Autobiografia* e *Algumas consequências psíquicas da diferença anatômica entre os sexos*.

1926: Publica *Inibição, sintoma e angústia* e *A questão da análise leiga*.

1927: Publica **Fetichismo** e *O futuro de uma ilusão*.

1930: Publica **O mal-estar na civilização**; entrega do único prêmio recebido por Freud, o prêmio Goethe de literatura, pelas qualidades estilísticas de sua obra. Morre sua mãe.

1933: Publica *Novas conferências de introdução à psicanálise*. Correspondência com Einstein publicada sob o título de *Por que a guerra?*. Os livros de Freud são queimados publicamente pelos nazistas em Berlim.

1934: Em fevereiro, instalação do regime fascista na Áustria, inicia o texto *Moisés e o monoteísmo*, cuja redação e publicação continuam até 1938-9.

1935: Freud é eleito membro honorário da British Royal Society of Medicine.

1937: Publica *Construções em análise* e *Análise terminável ou interminável*.

1938: Invasão da Áustria pelas tropas de Hitler. Sua filha Anna é detida e interrogada pela Gestapo. Partida para Londres, onde Freud é recebido com grandes honras.

1939: Em 23 de setembro, morte de Freud, que deixa inacabado o *Esboço de psicanálise*; seu corpo é cremado, e as cinzas, colocadas numa urna conservada no cemitério judaico de Golders Green.

OUTROS TÍTULOS DA COLEÇÃO PARA LER FREUD

Além do princípio do prazer — Um dualismo incontornável, por Oswaldo Giacoia Junior

As duas análises de uma fobia em um menino de cinco anos: O Pequeno Hans — A psicanálise da criança ontem e hoje, por Celso Gutfreind

Luto e melancolia — À sombra do espetáculo, por Sandra Edler.

O complexo de Édipo — Freud e a multiplicidade edípica, por Chaim Samuel Katz

As pulsões e seus destinos — Do corporal ao psíquico, por Joel Birman

Este livro foi composto na tipografia ITC Berkeley
Oldstyle Std Medium, em corpo 11/14,5, e impresso
em papel off-white no Sistema Digital Instant Duplex
da Divisão Gráfica da Distribuidora Record.